Coloring Mandala and

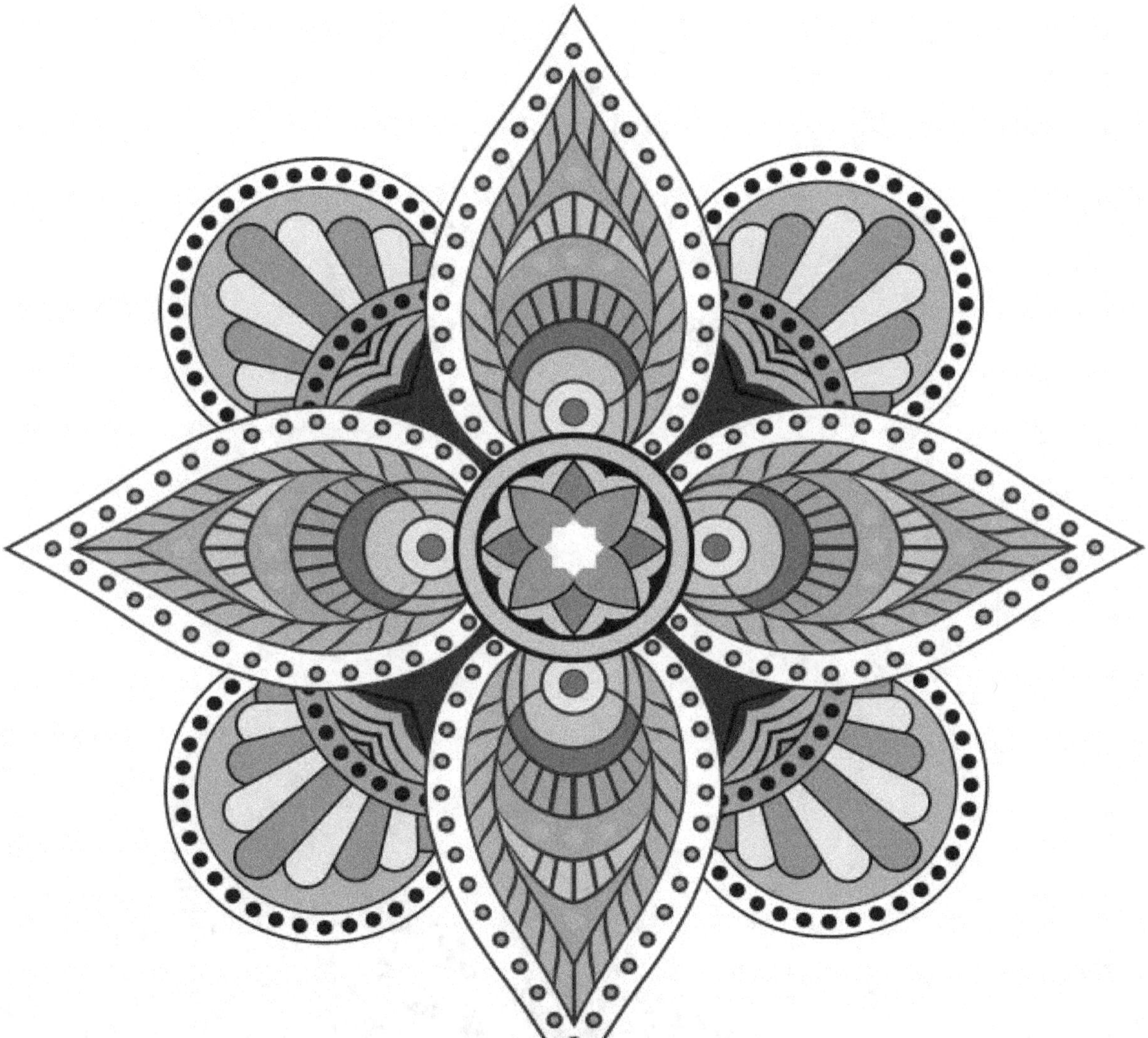

Flowers

A volte le parole non bastano.

E allora servono i colori.

E le forme.

E le note.

E le emozioni.

(Alessandro Baricco)

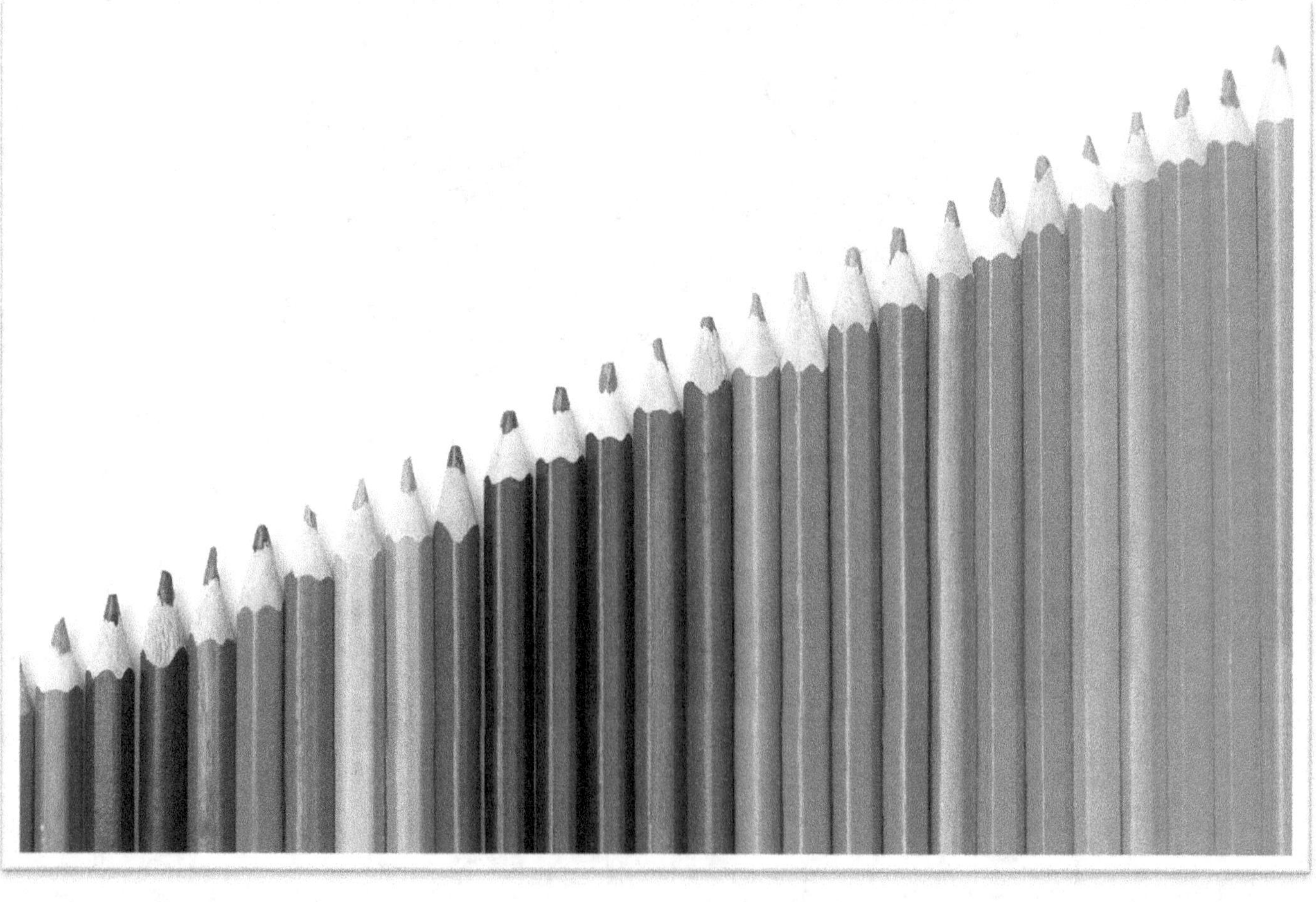

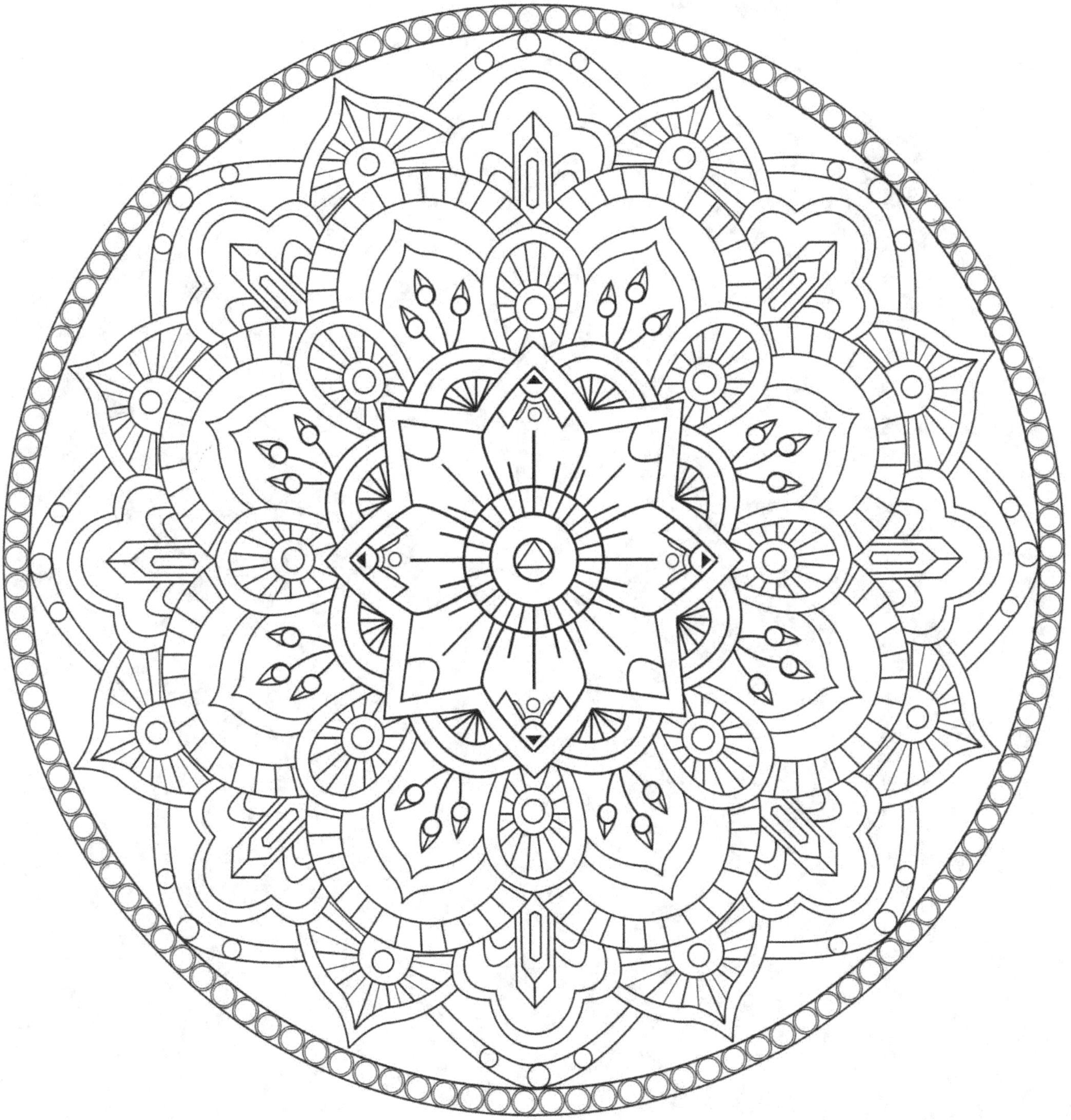

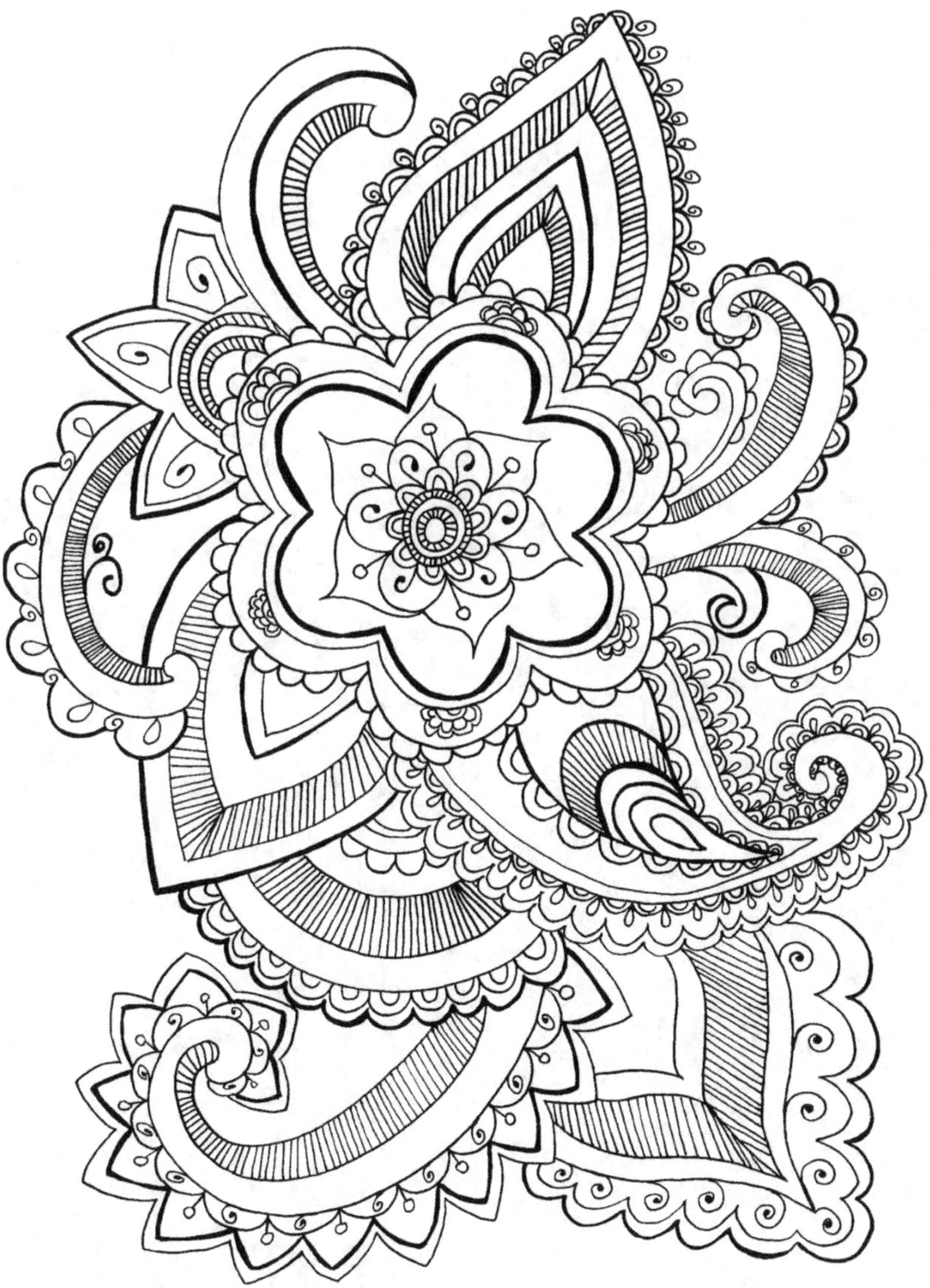

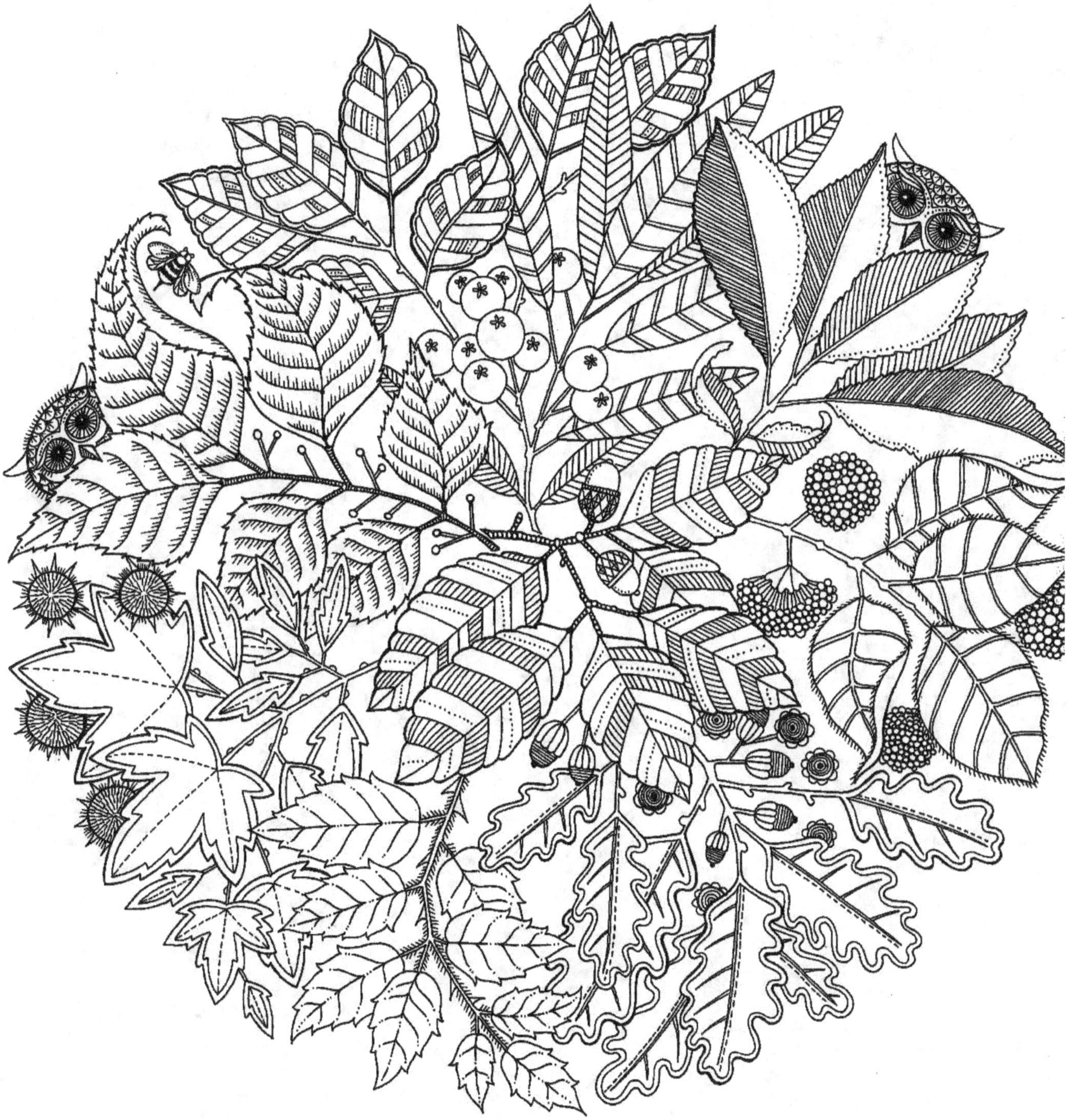

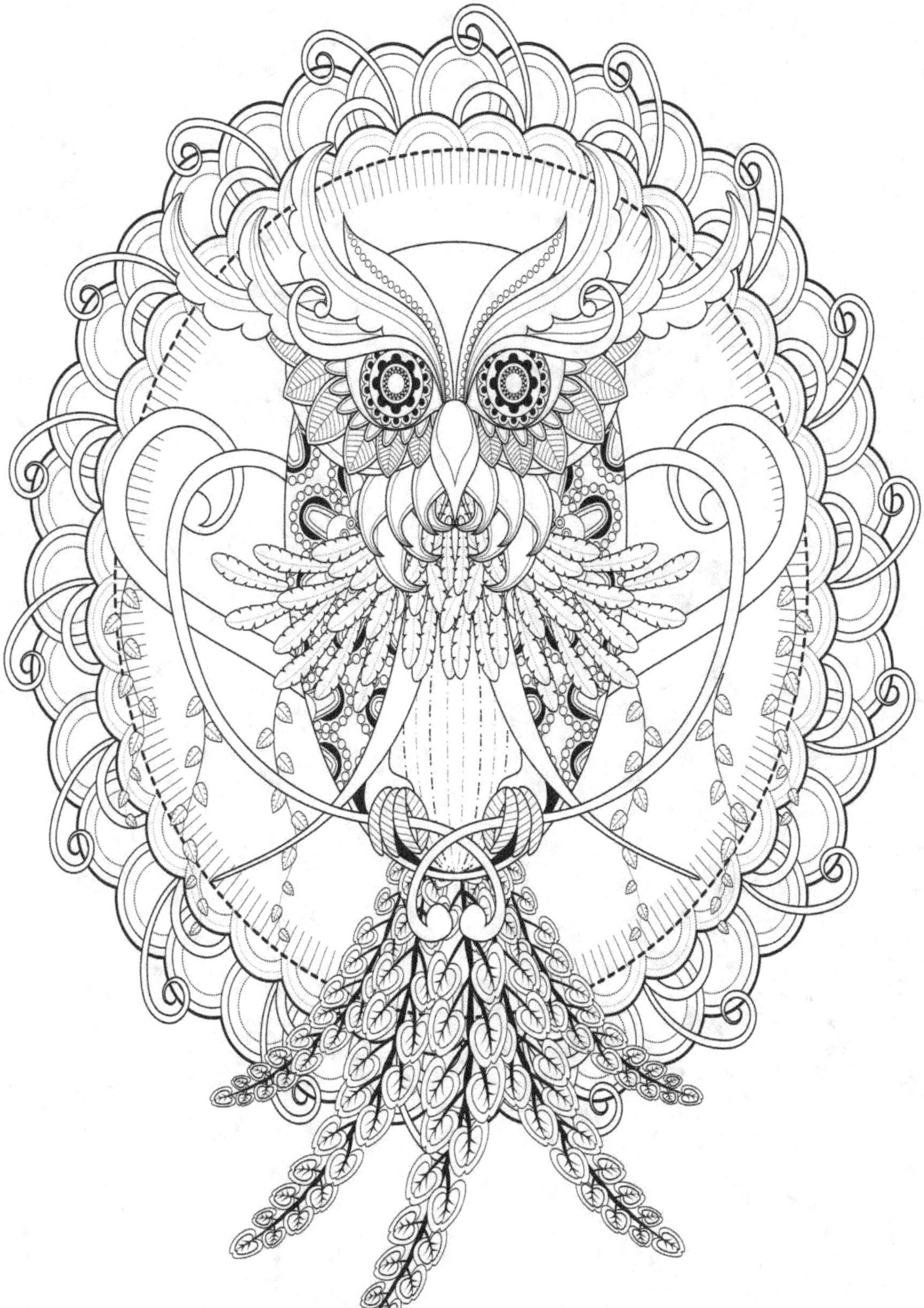

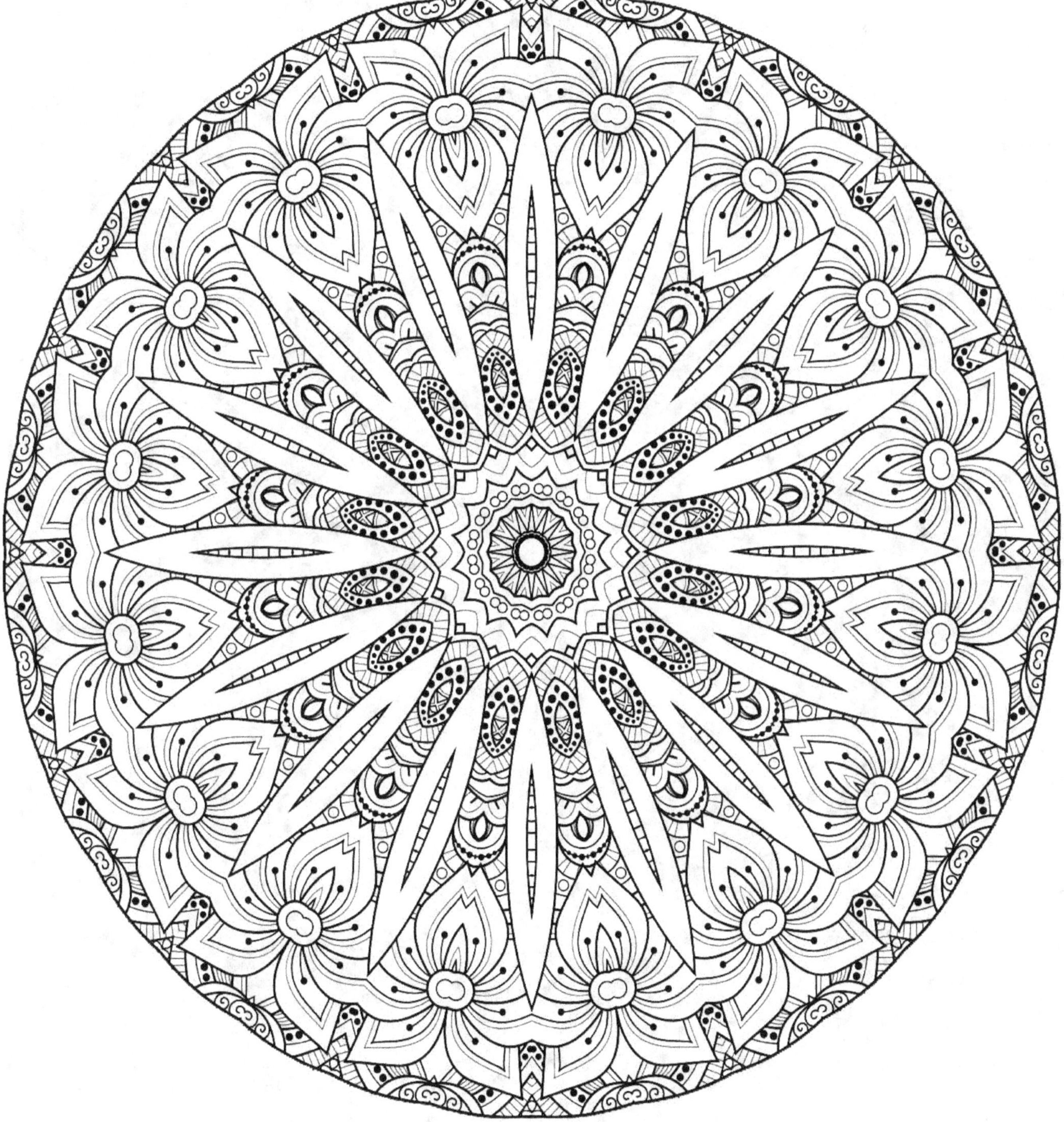

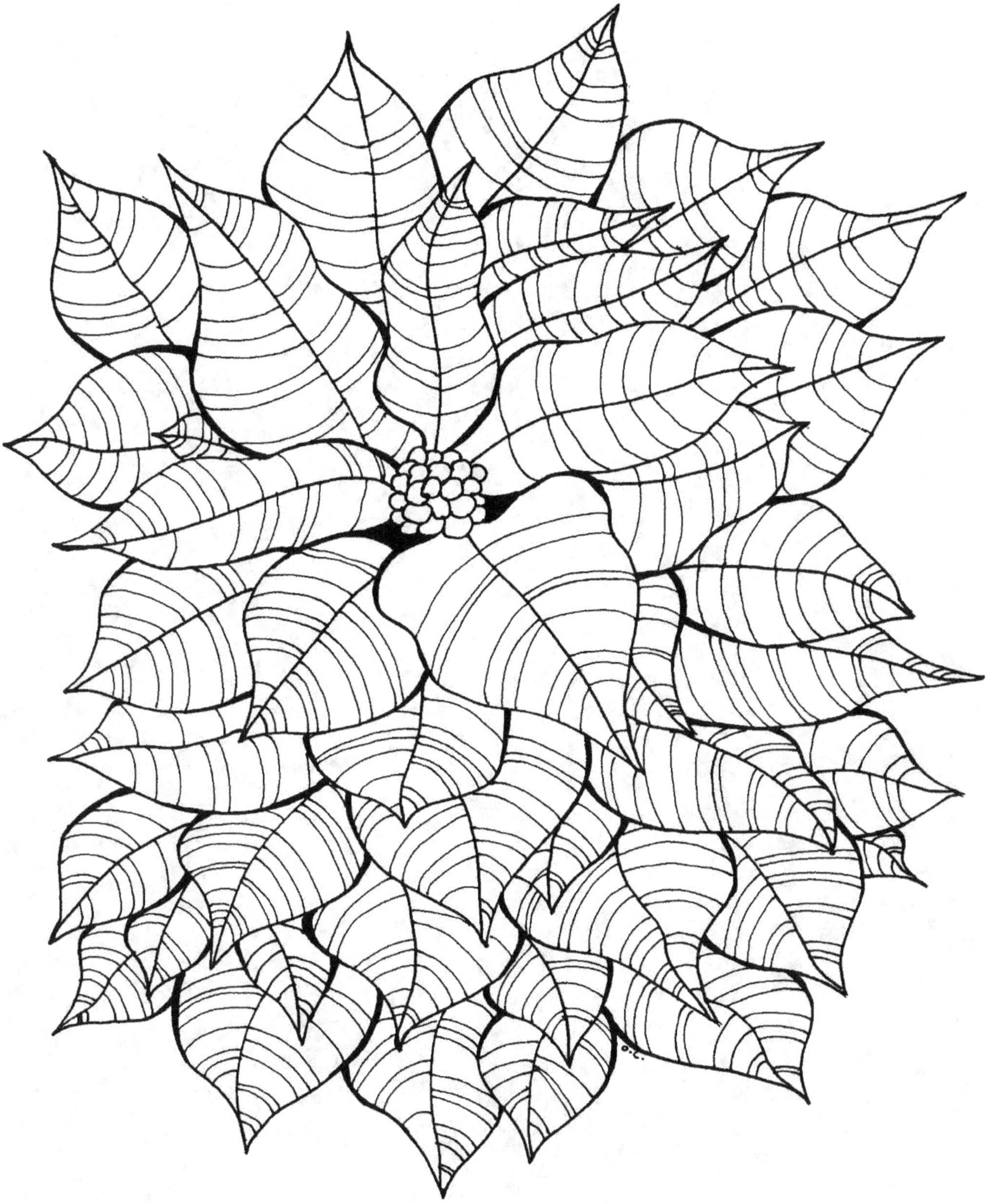

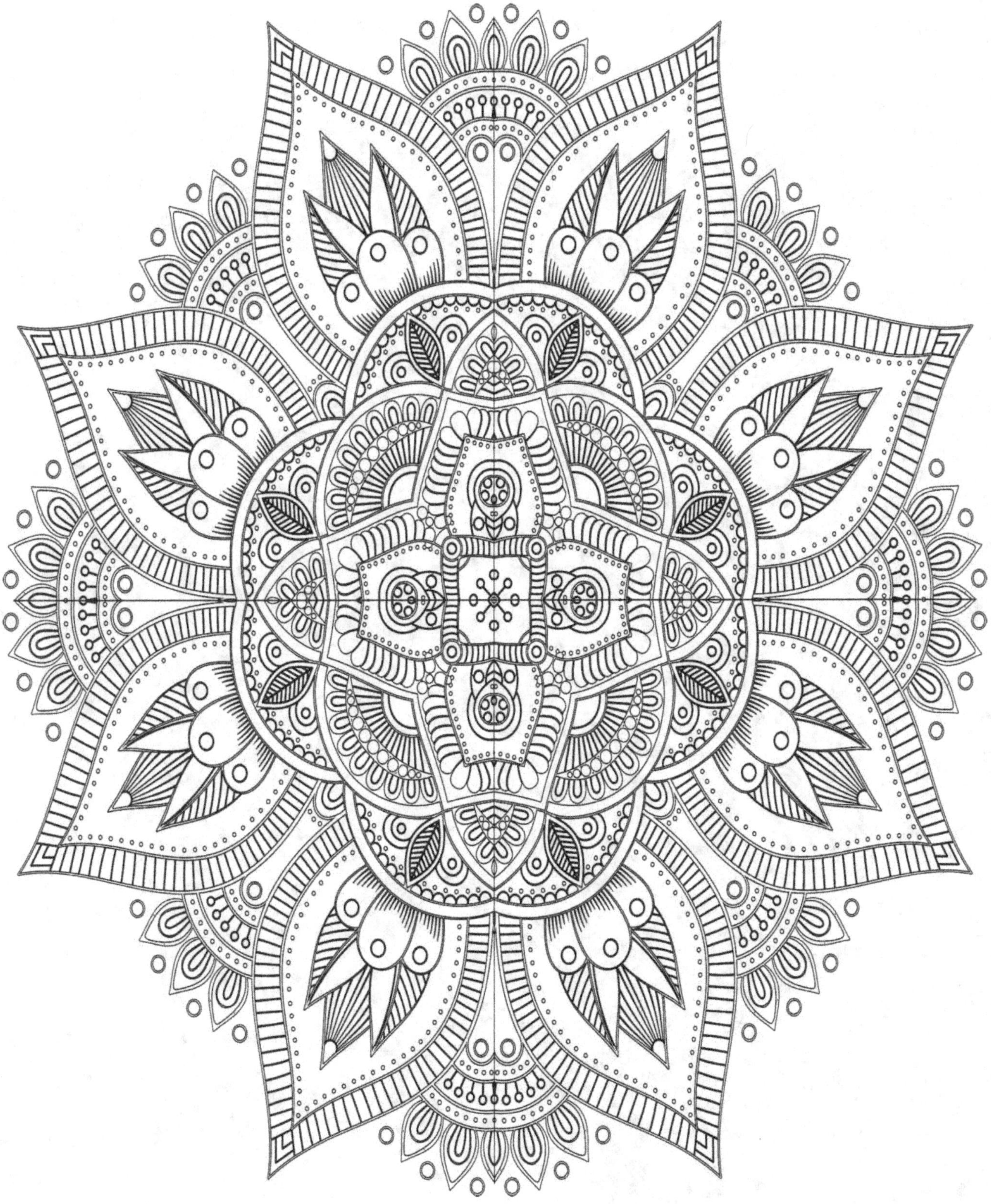

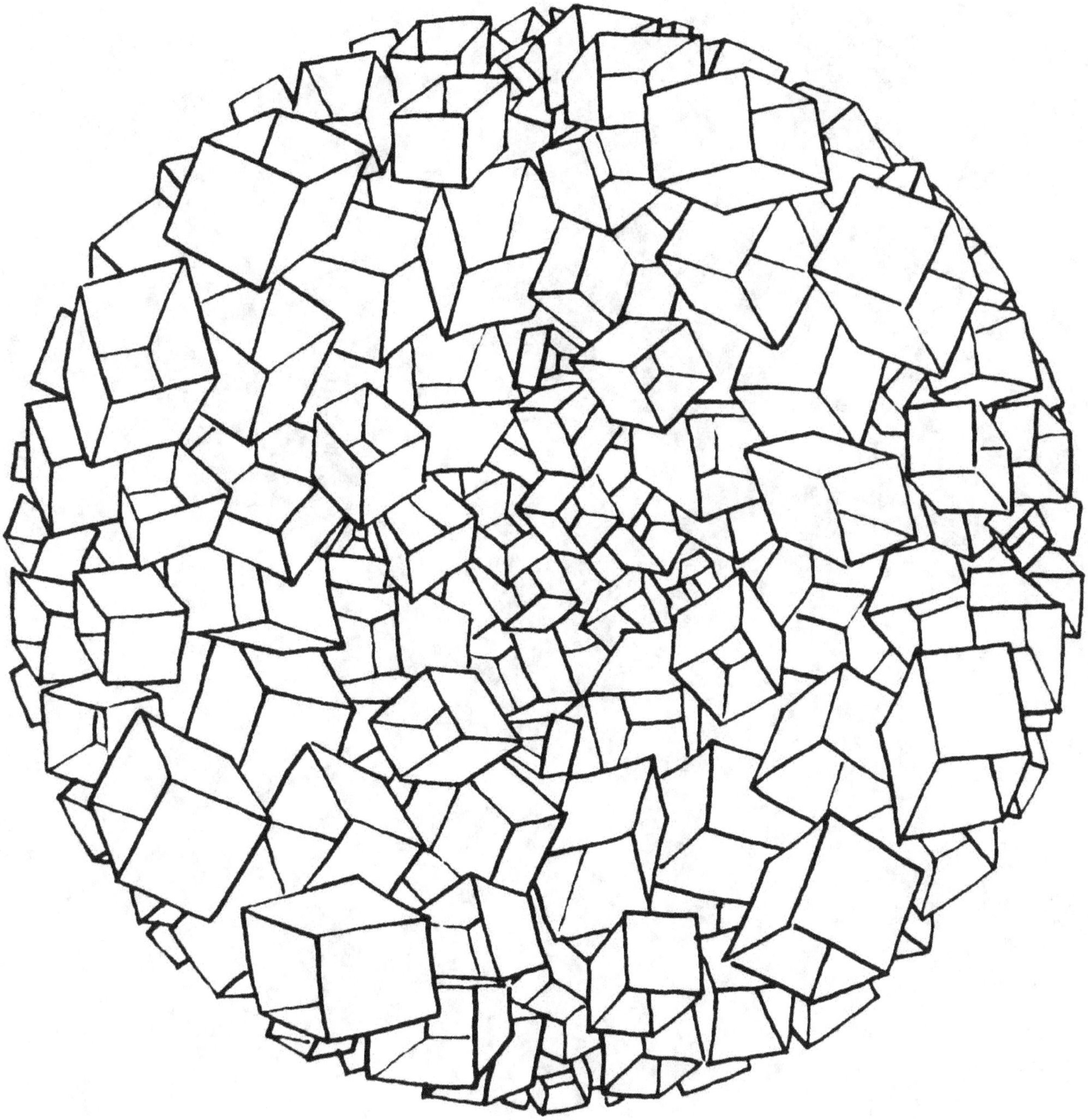

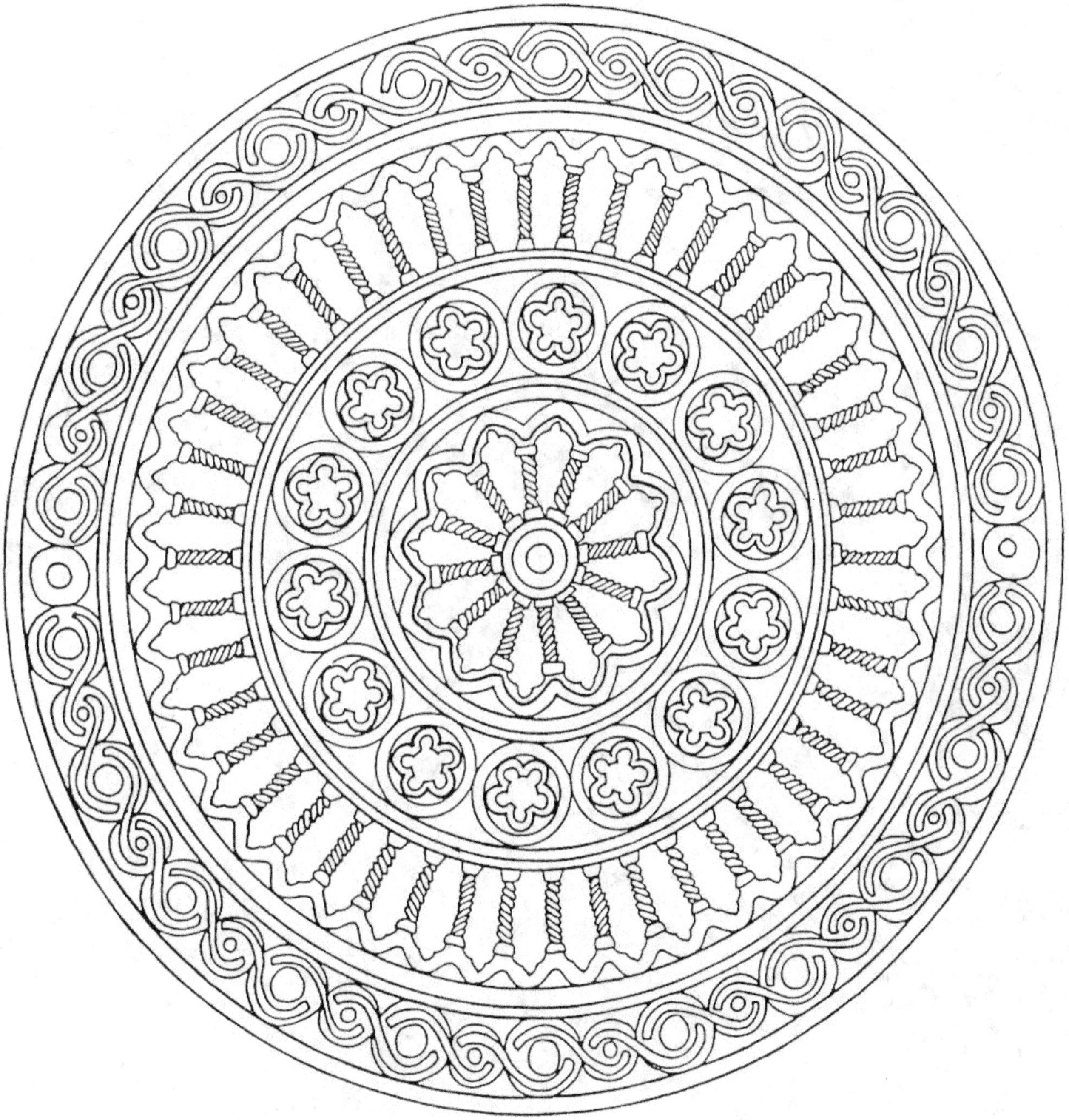

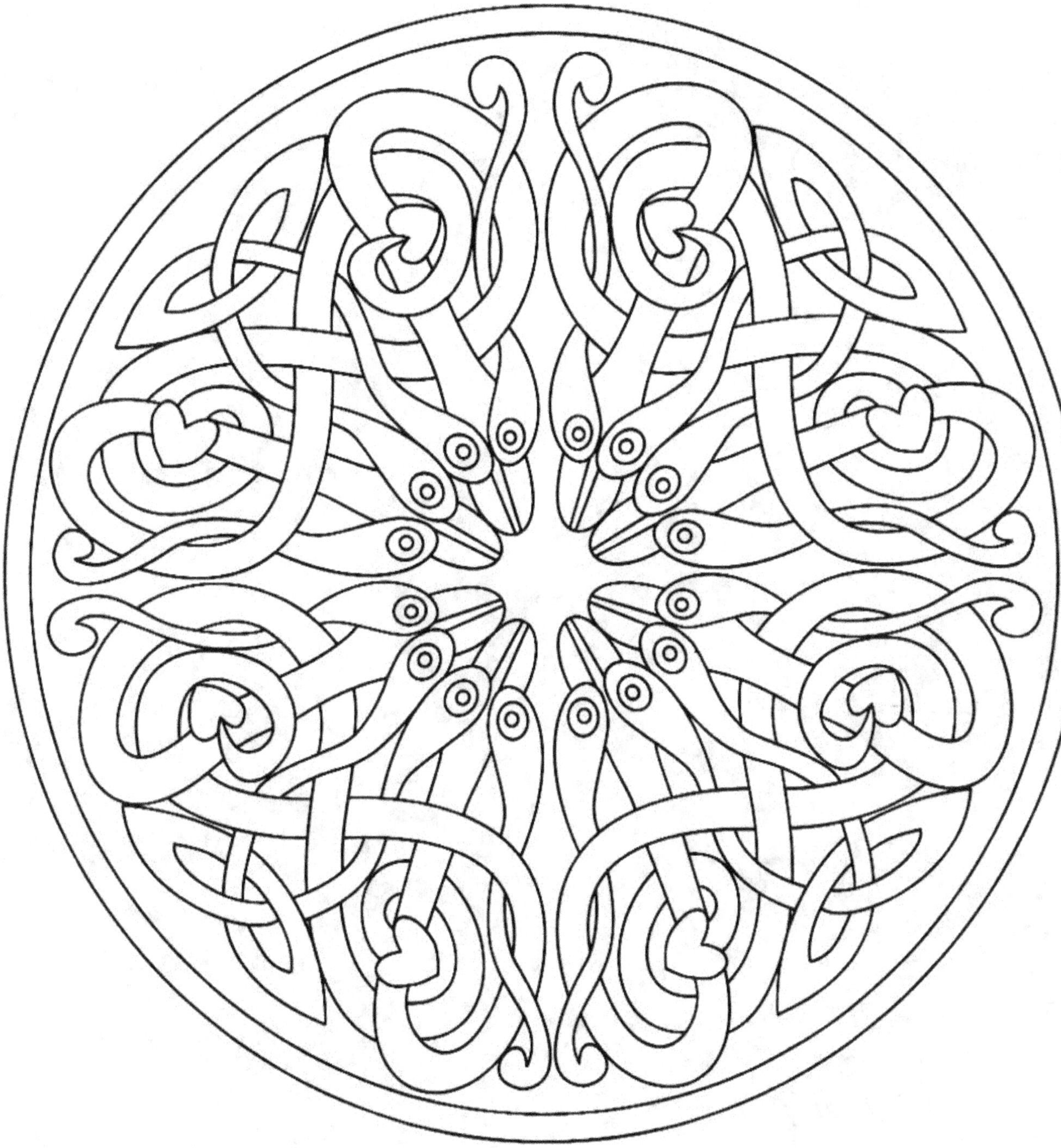

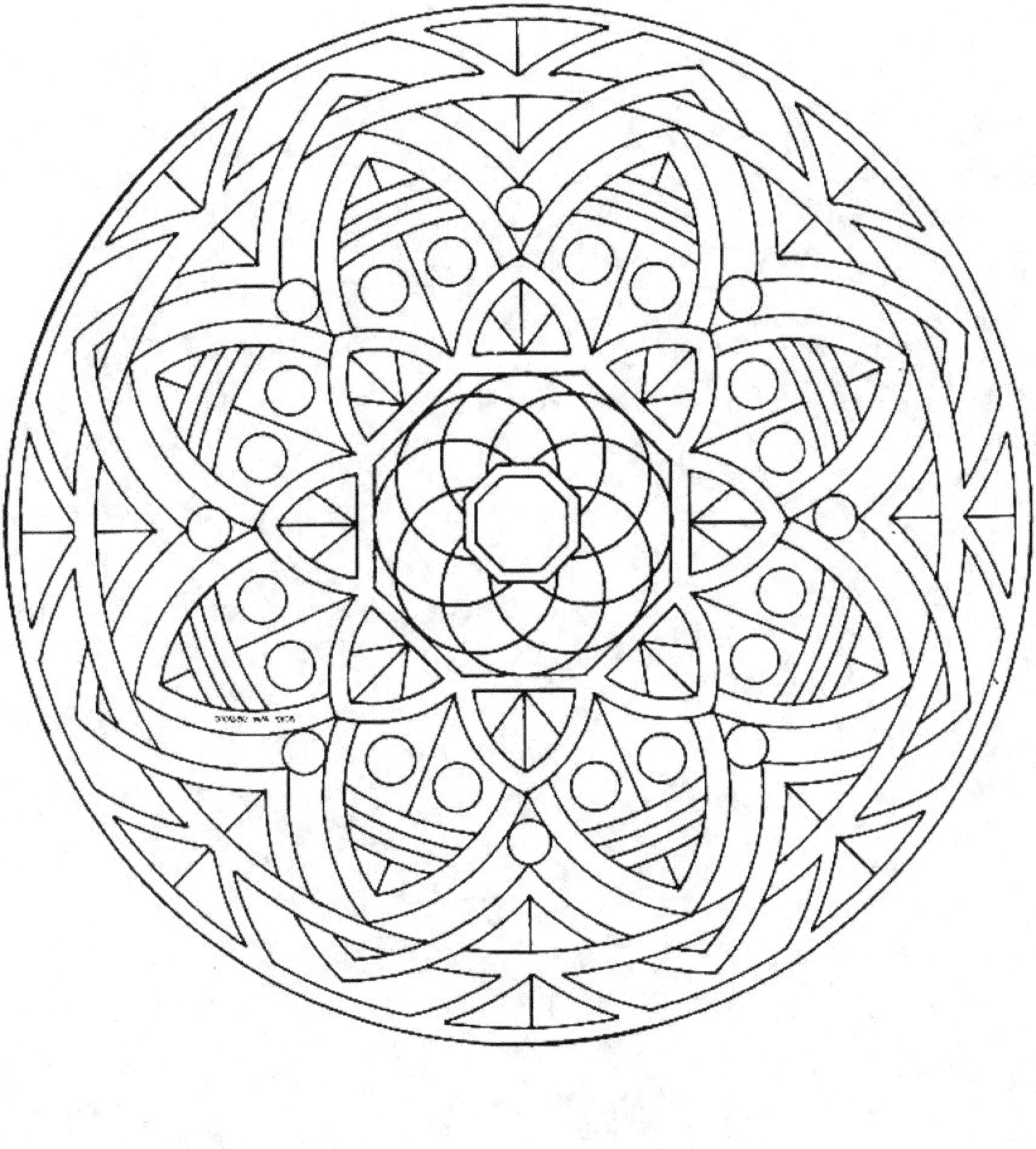

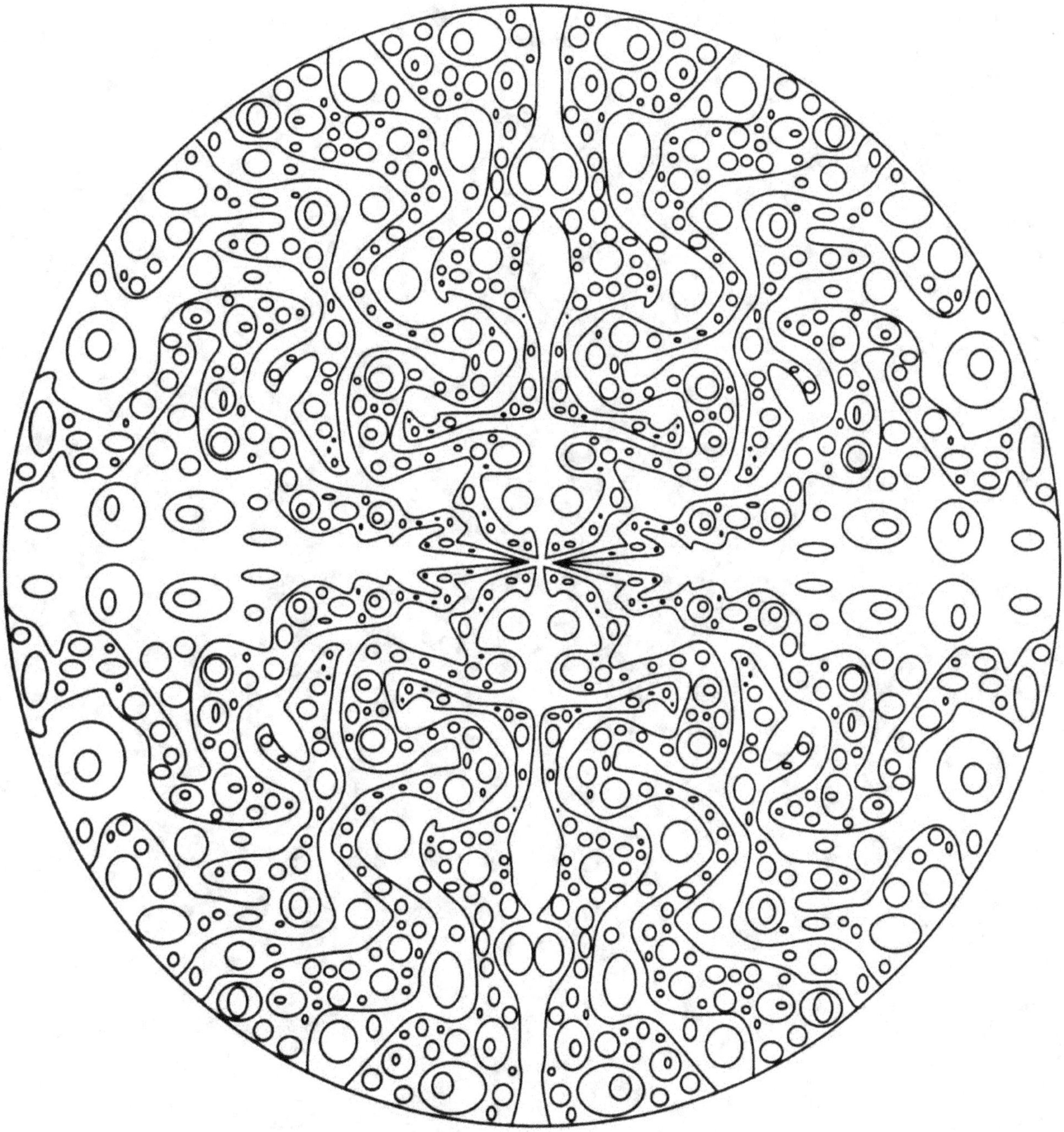

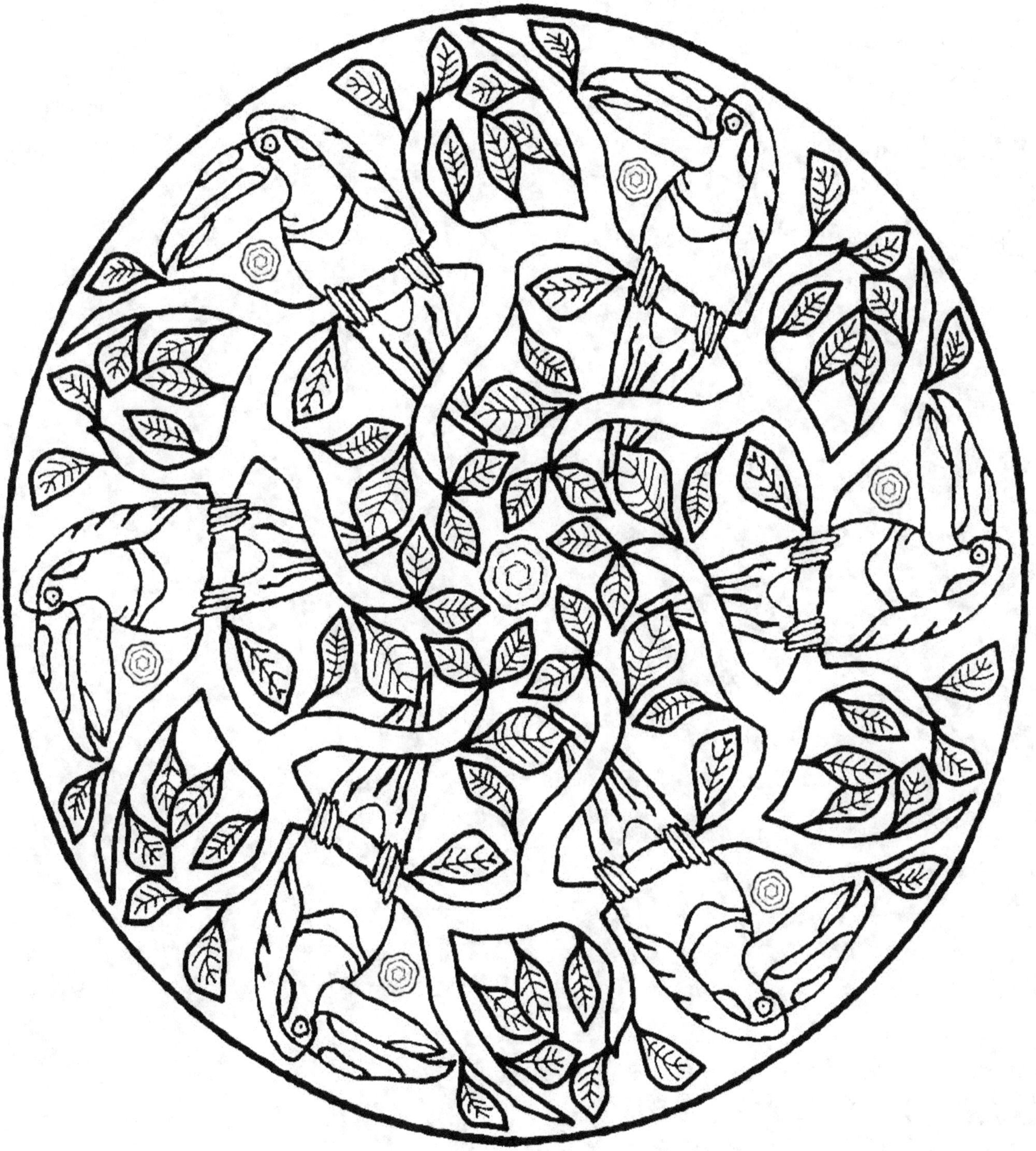

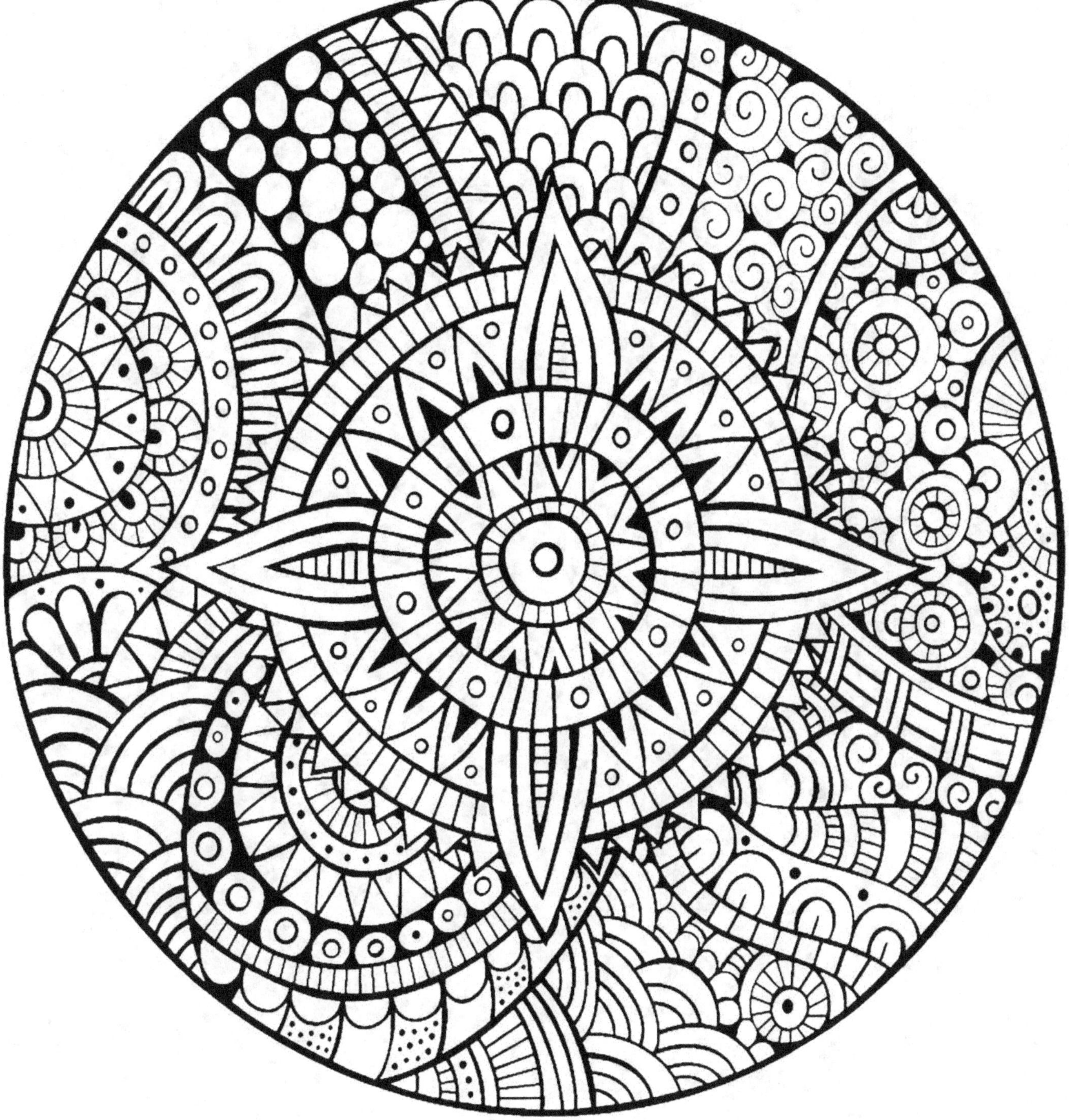

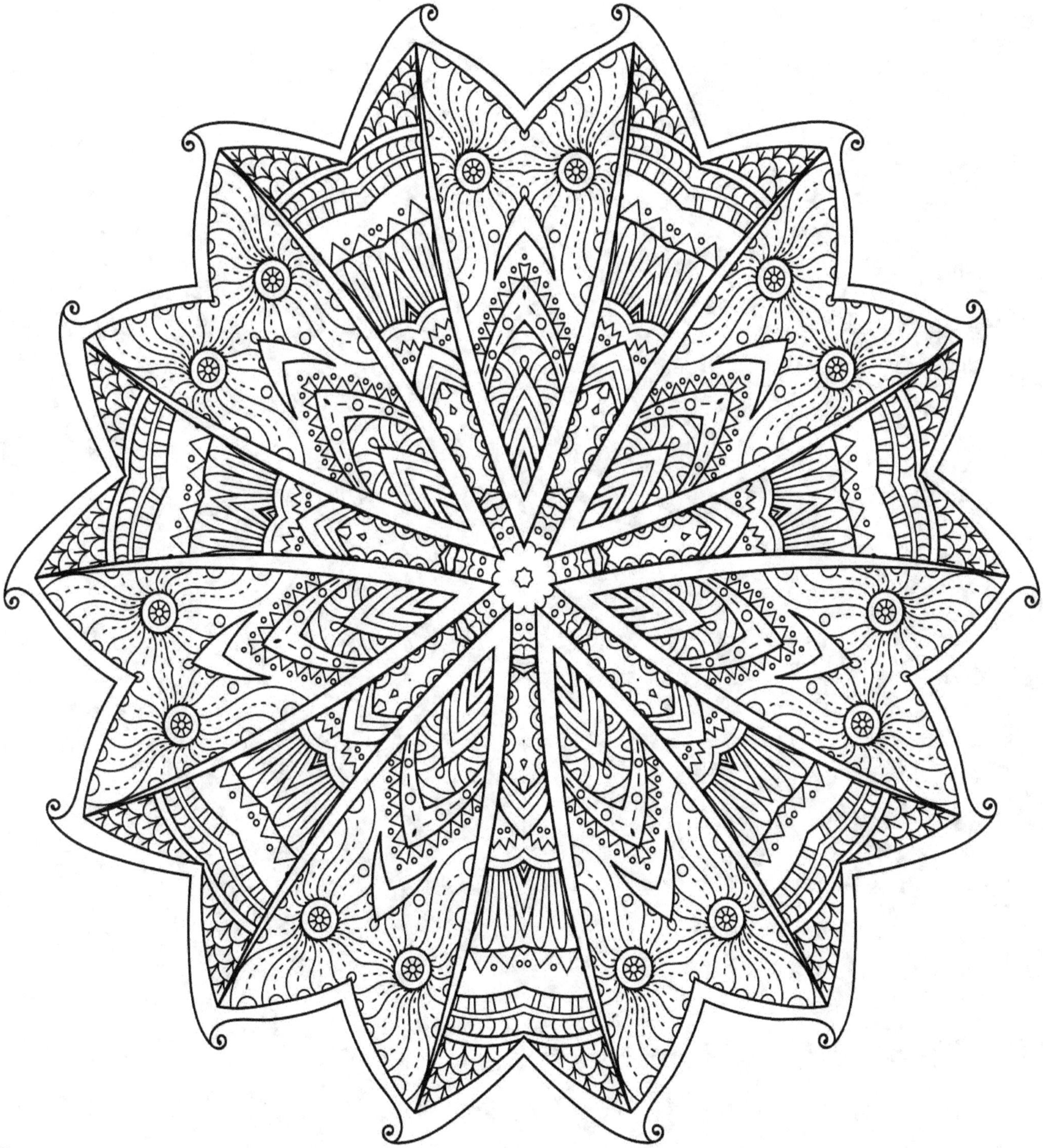

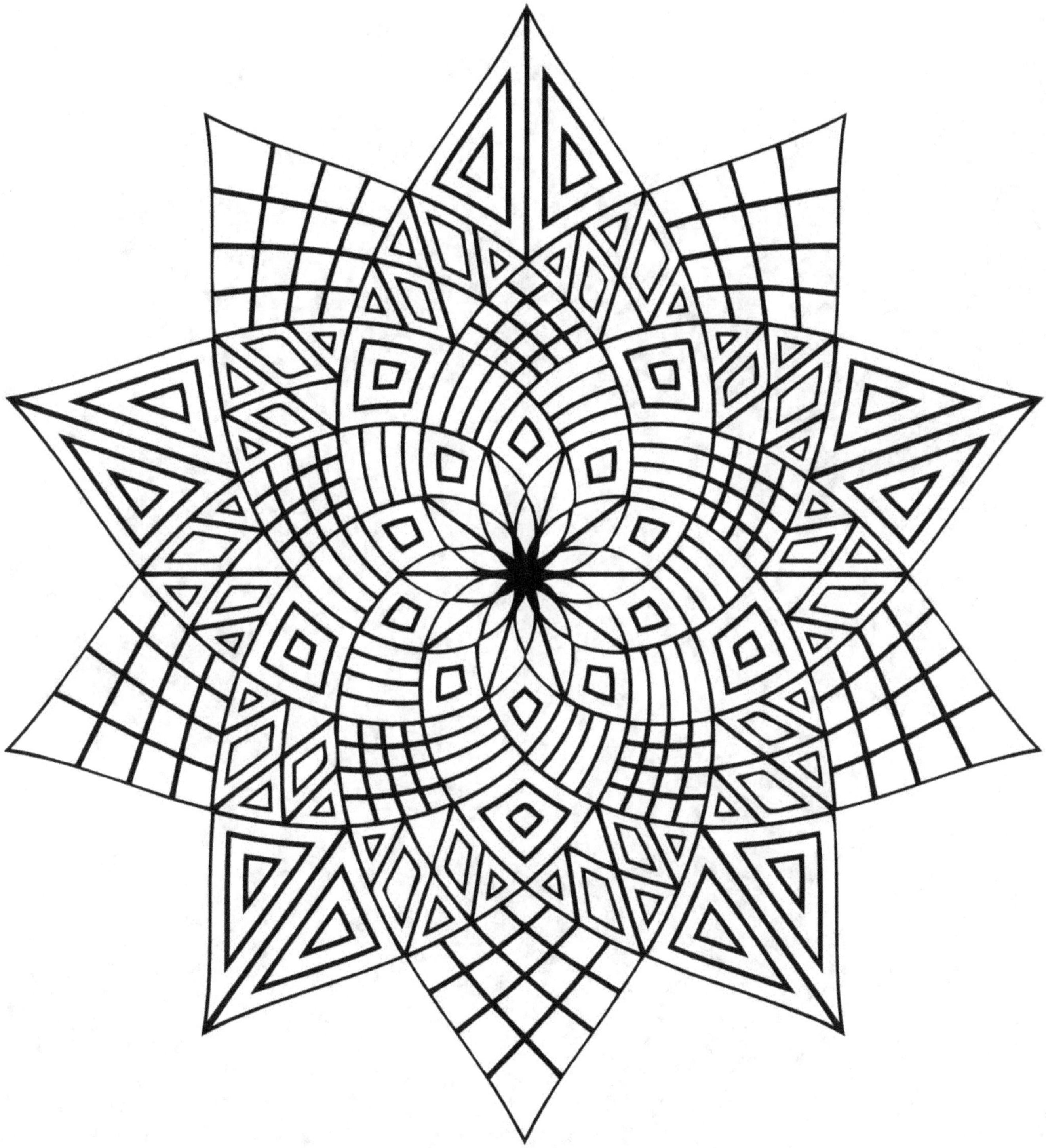

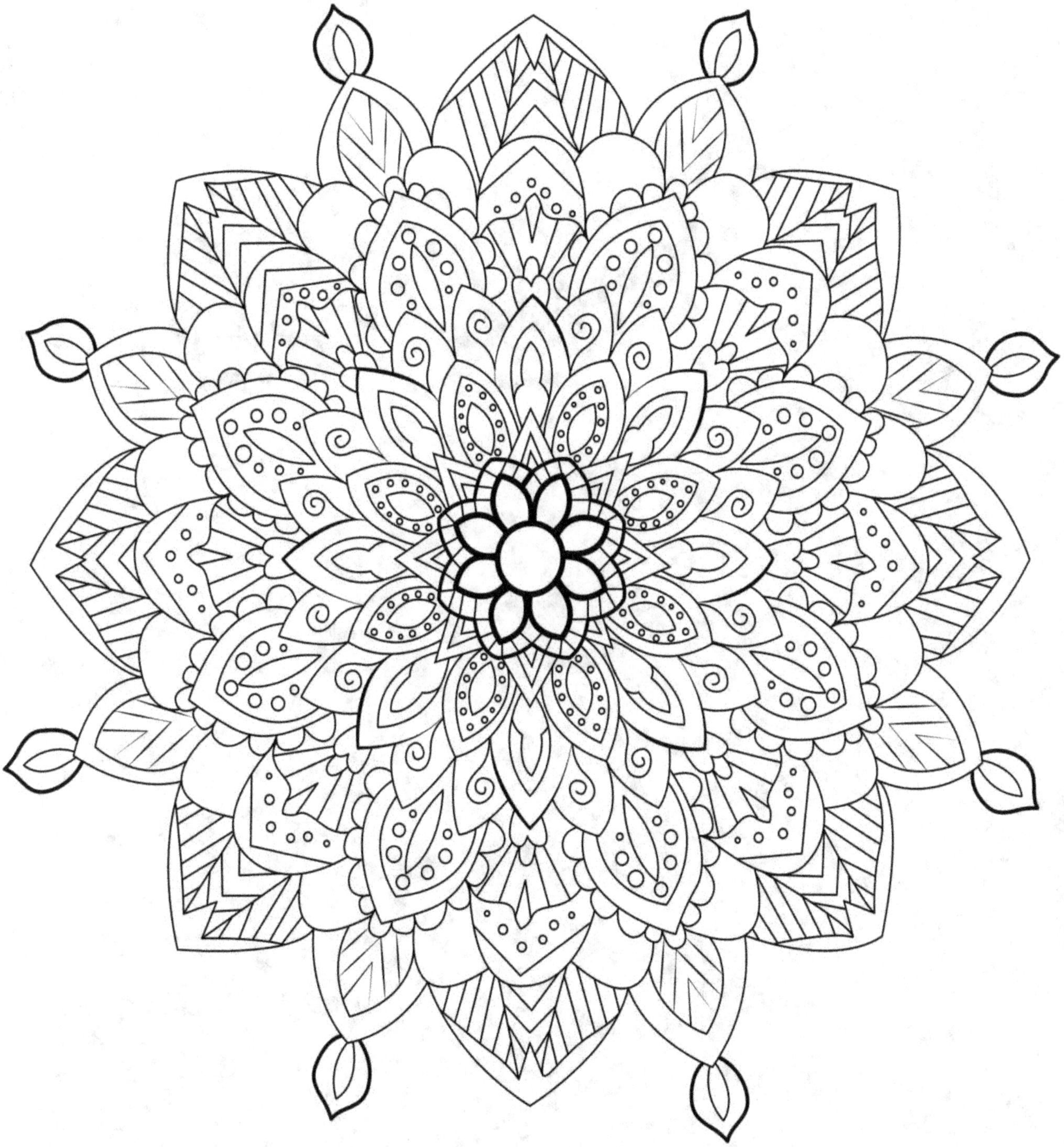

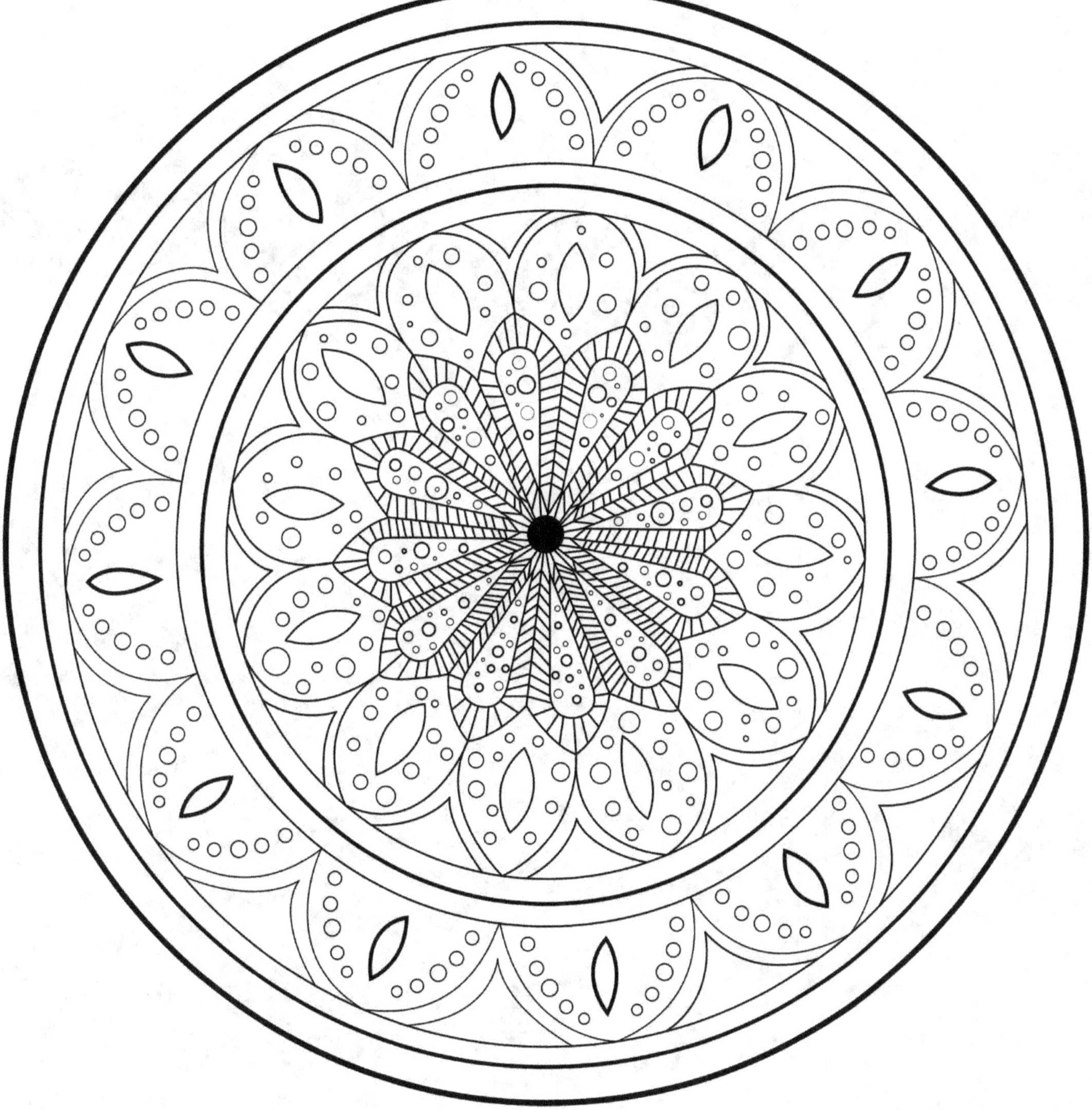

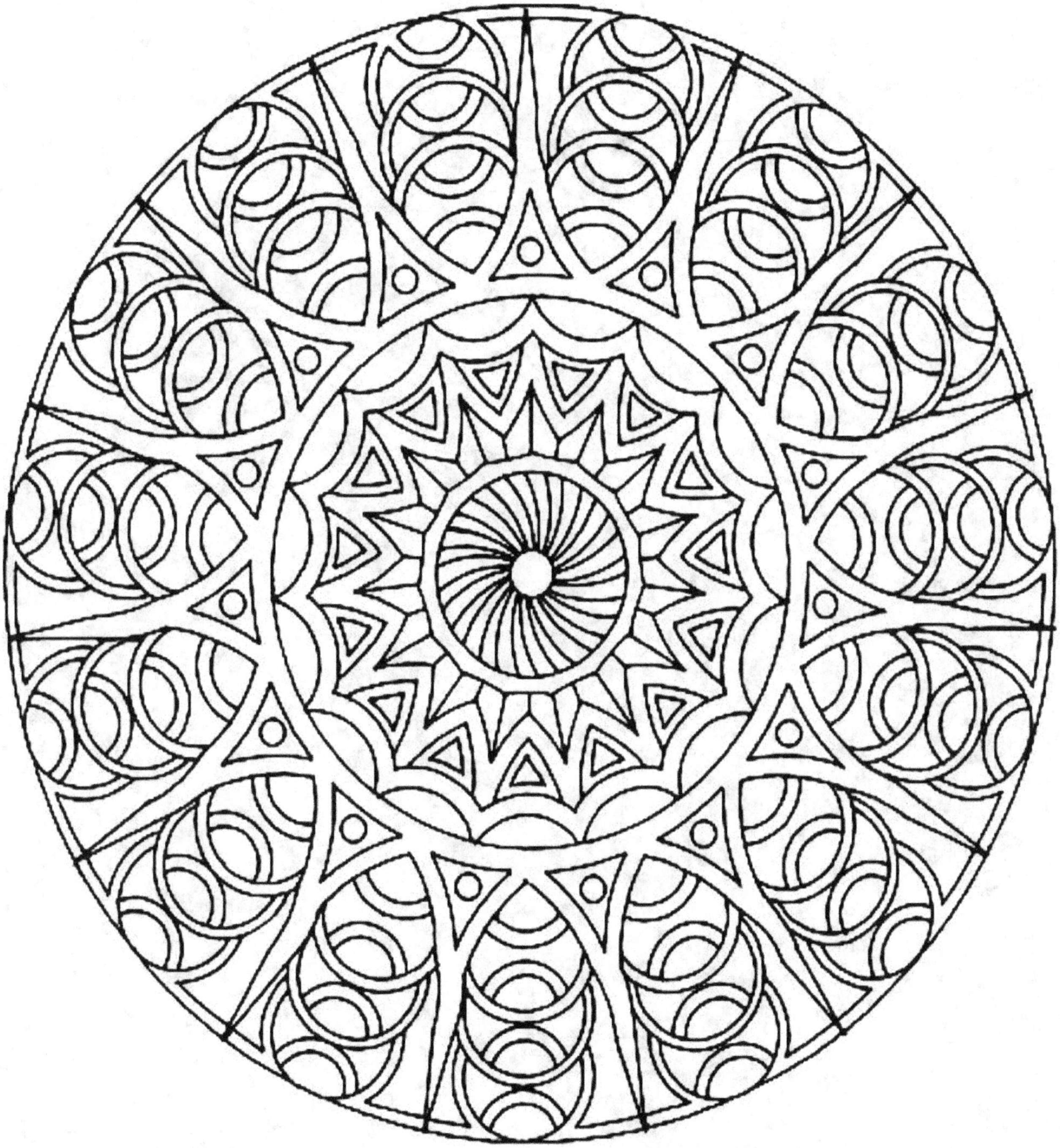

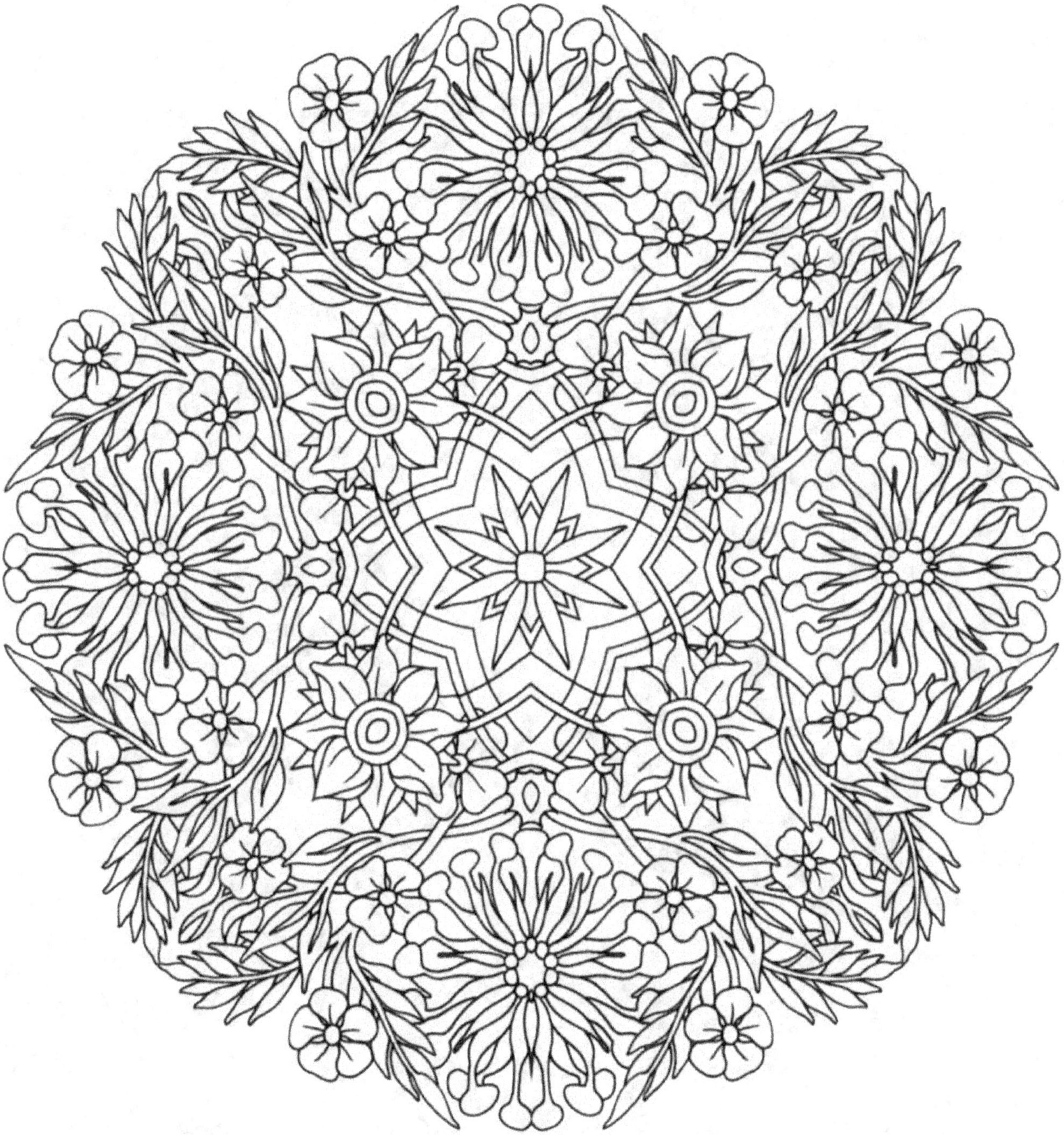

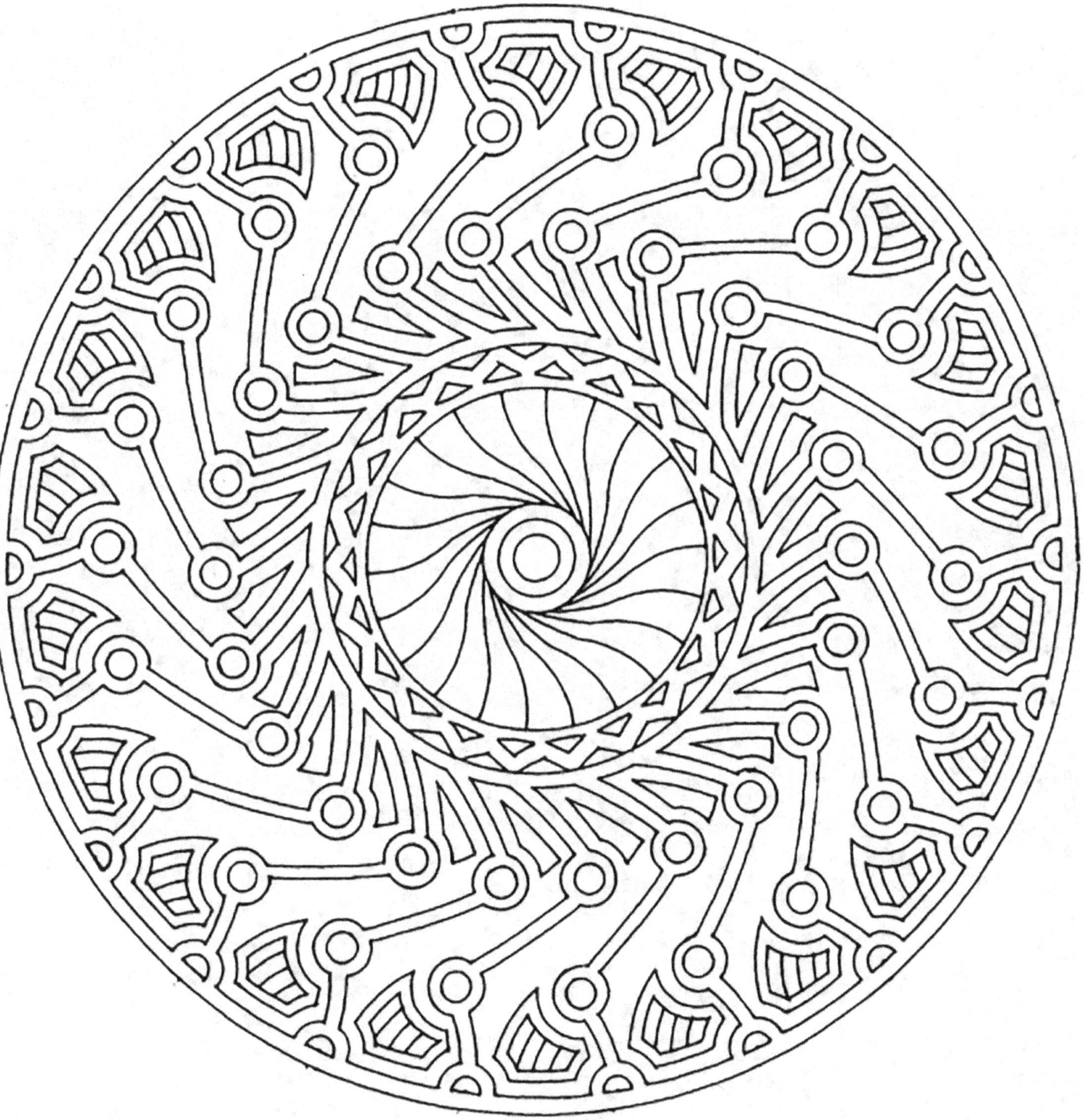

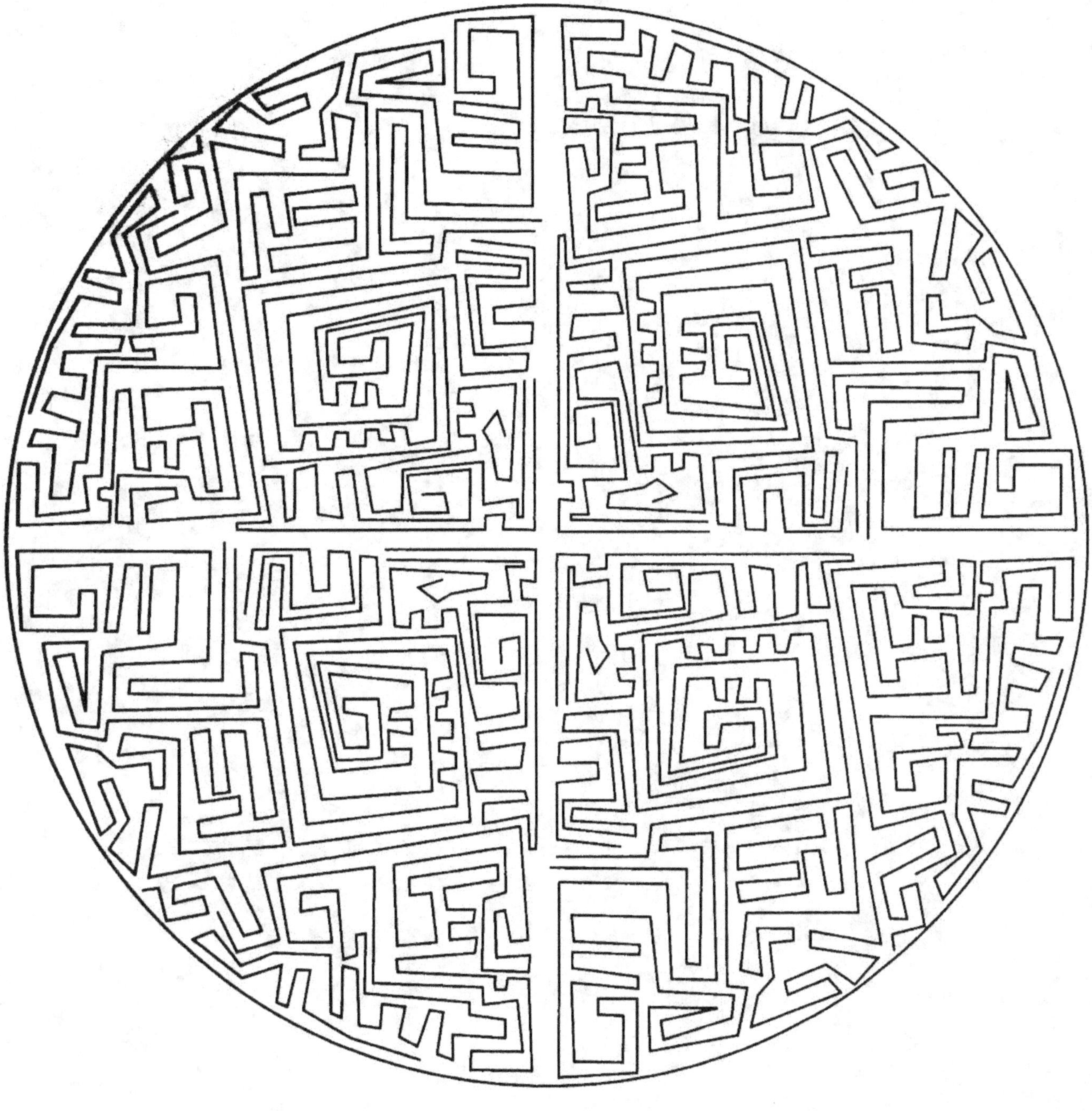

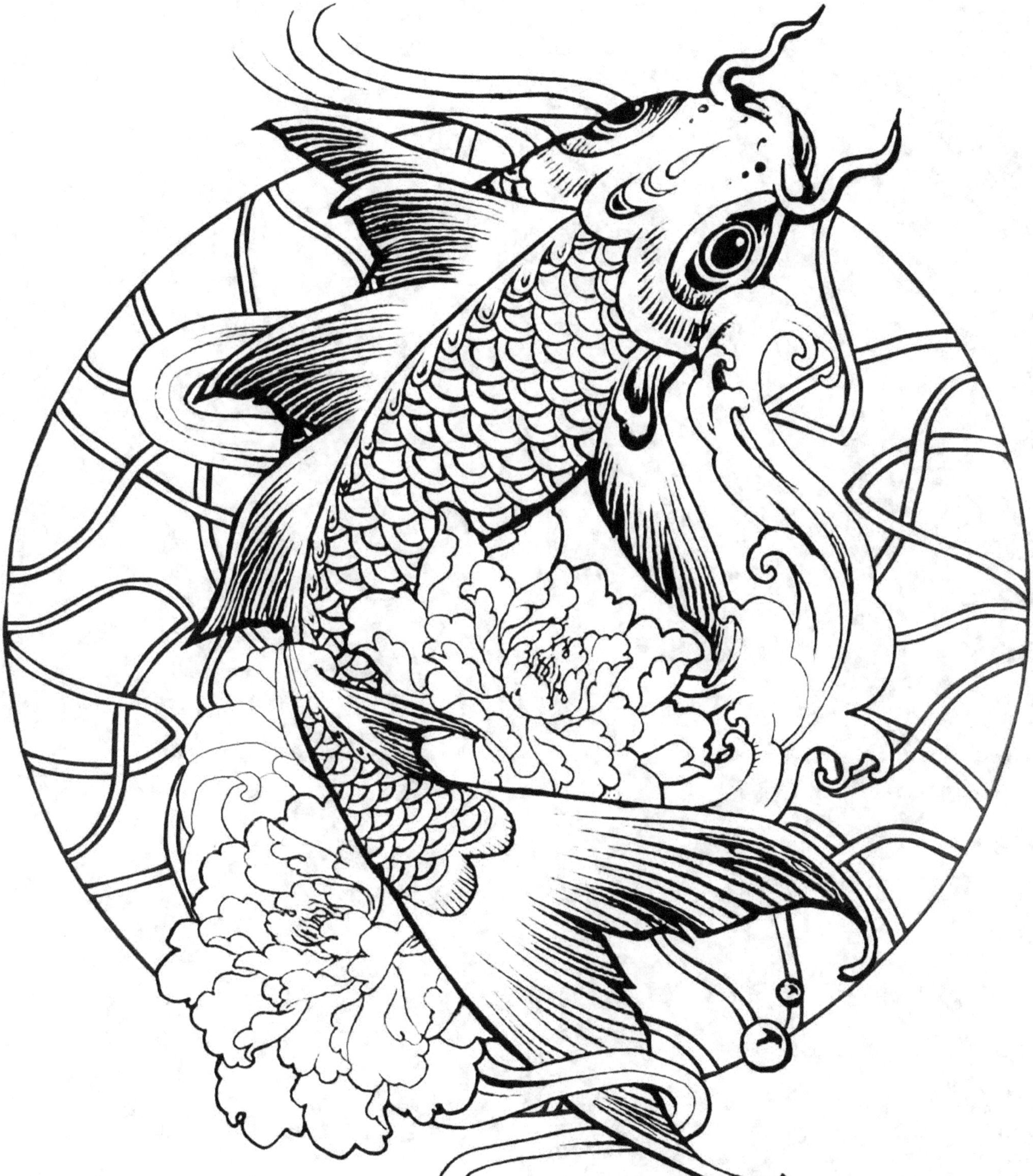

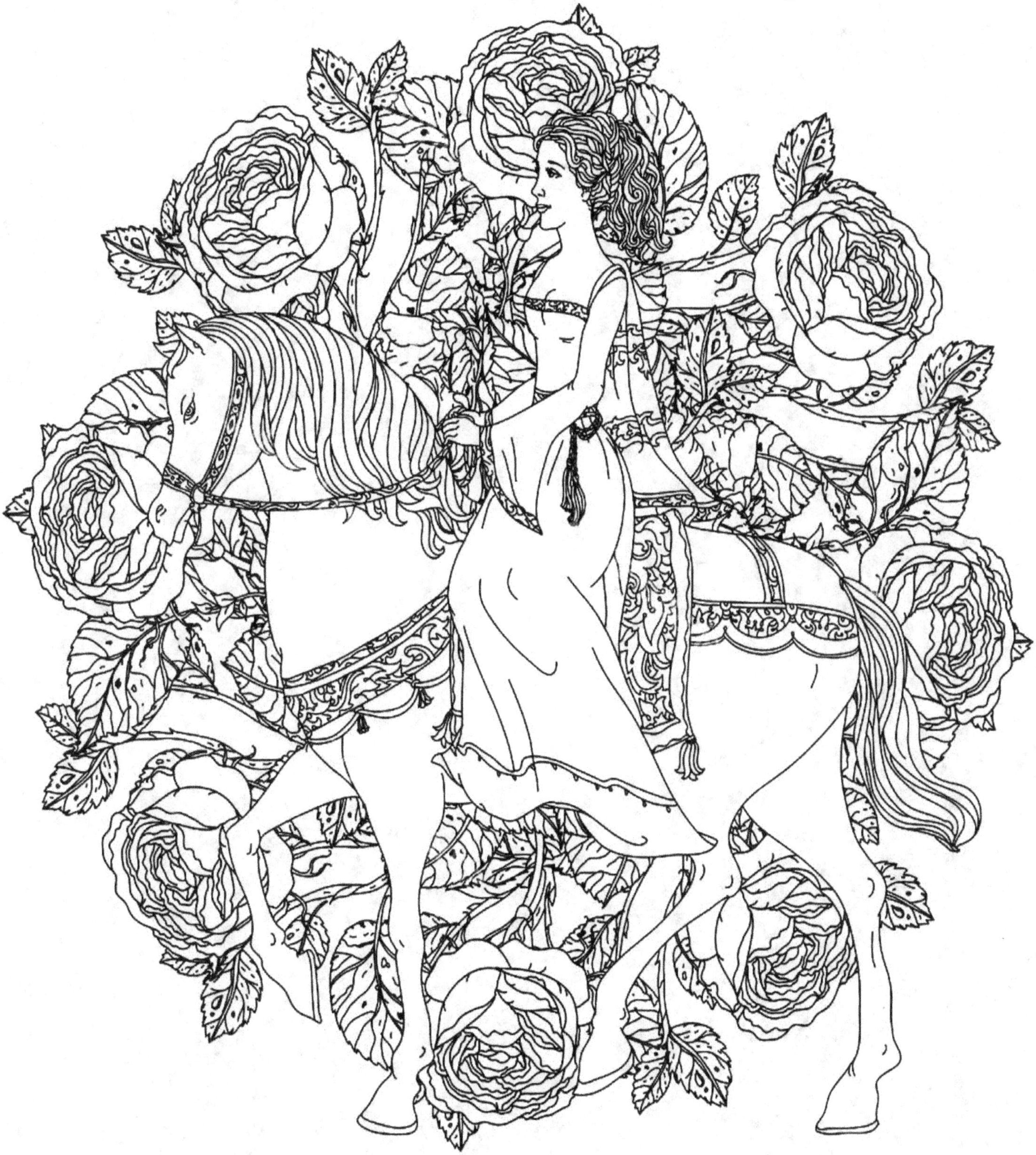

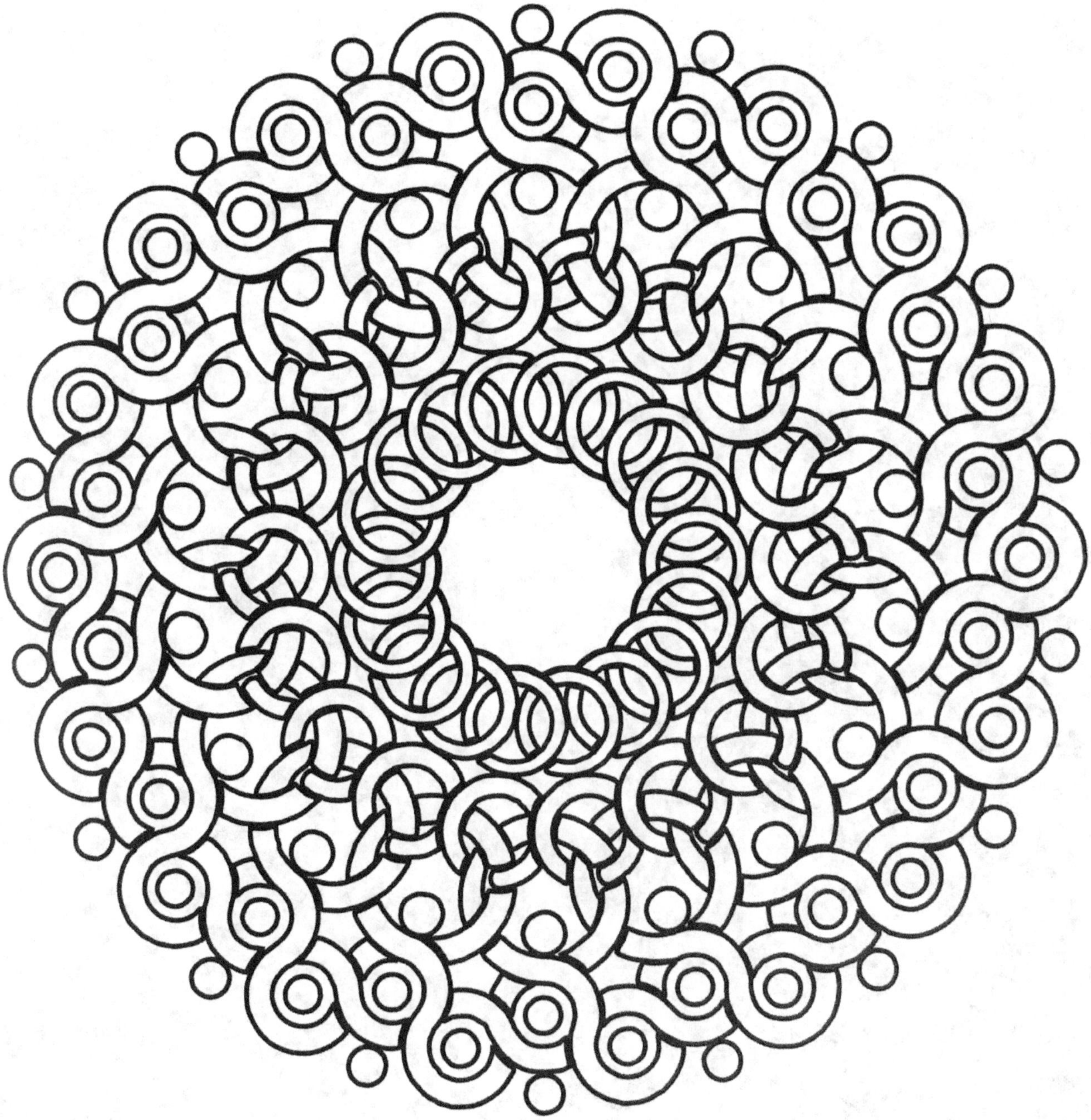

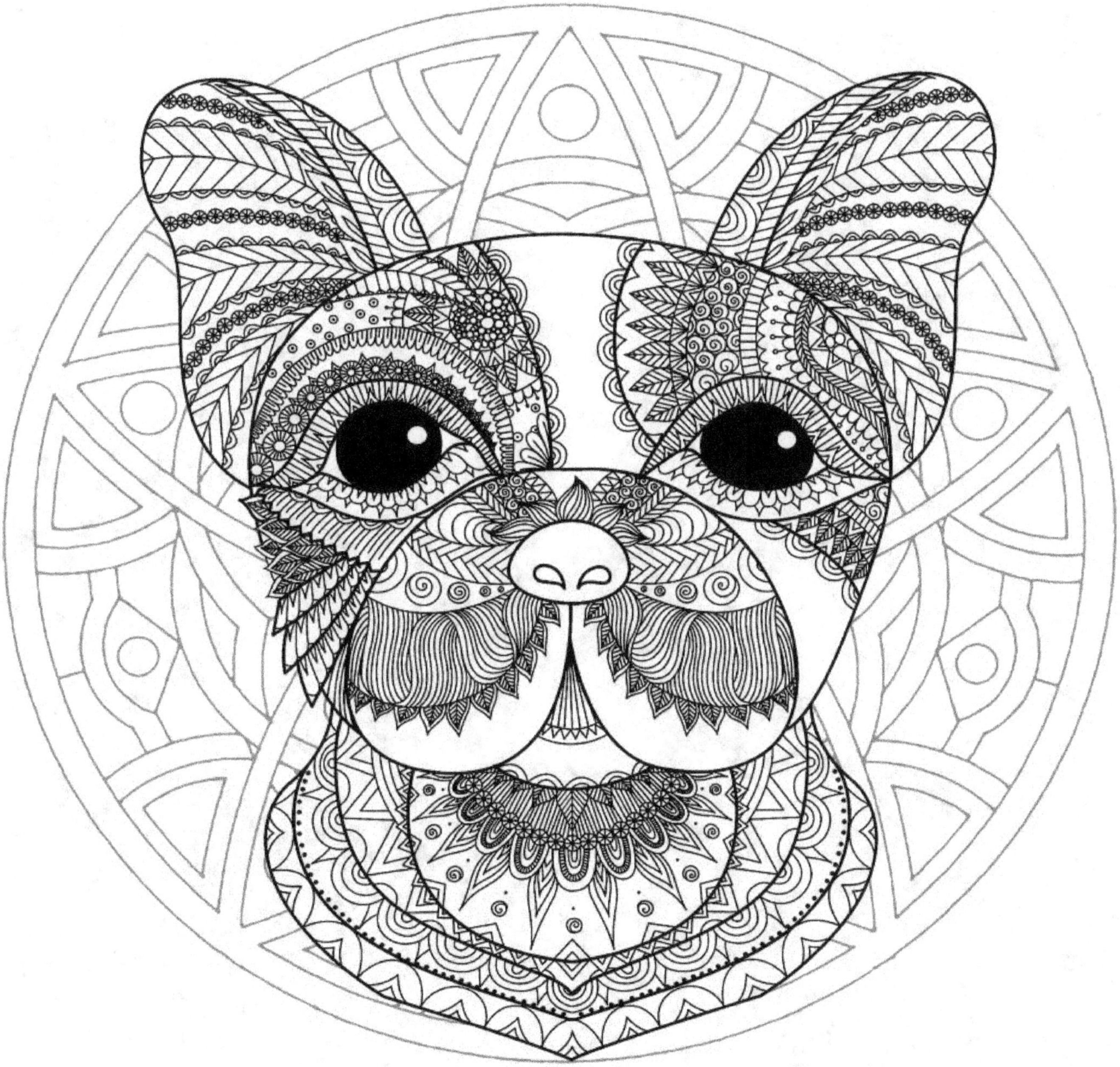

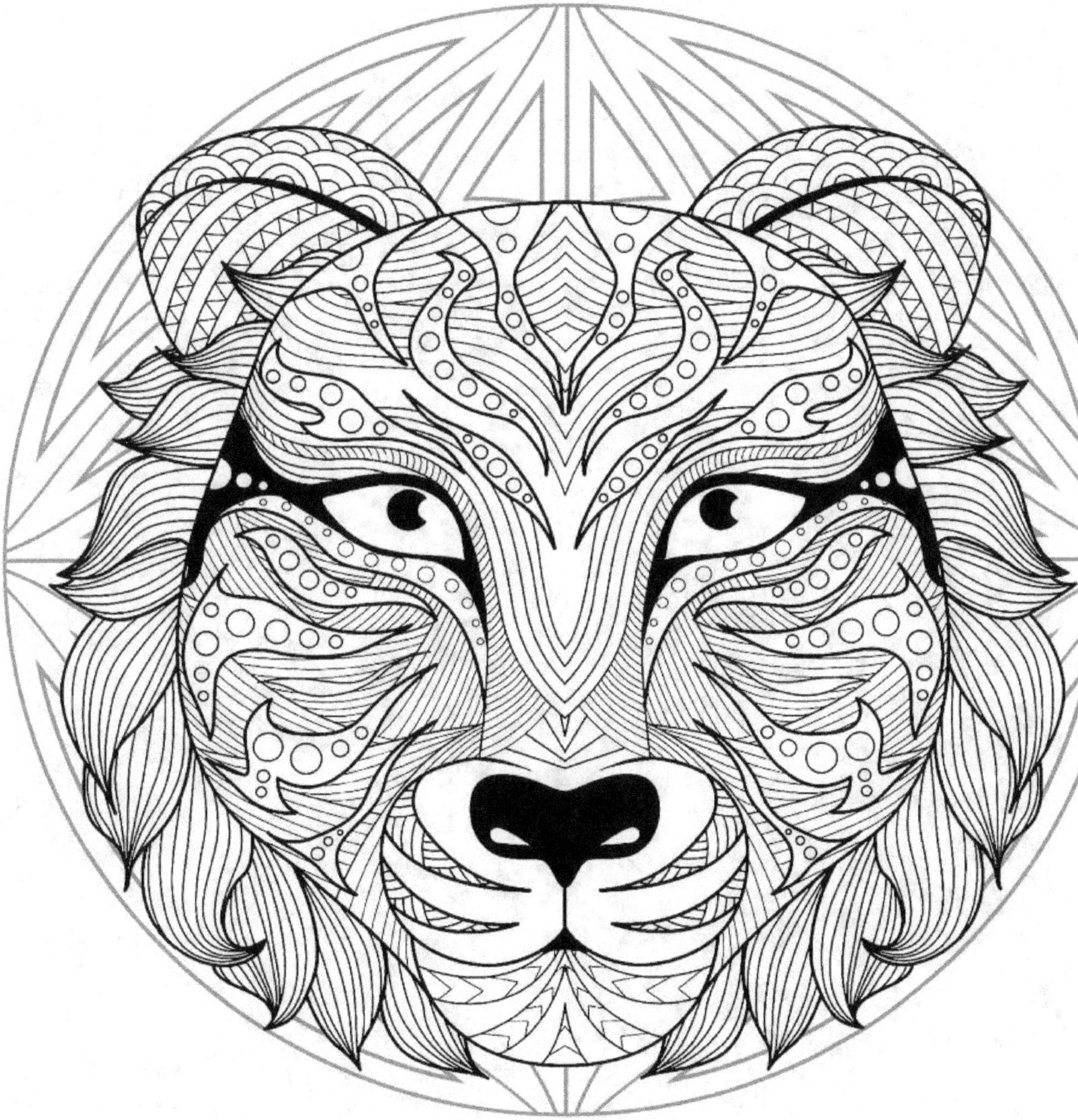

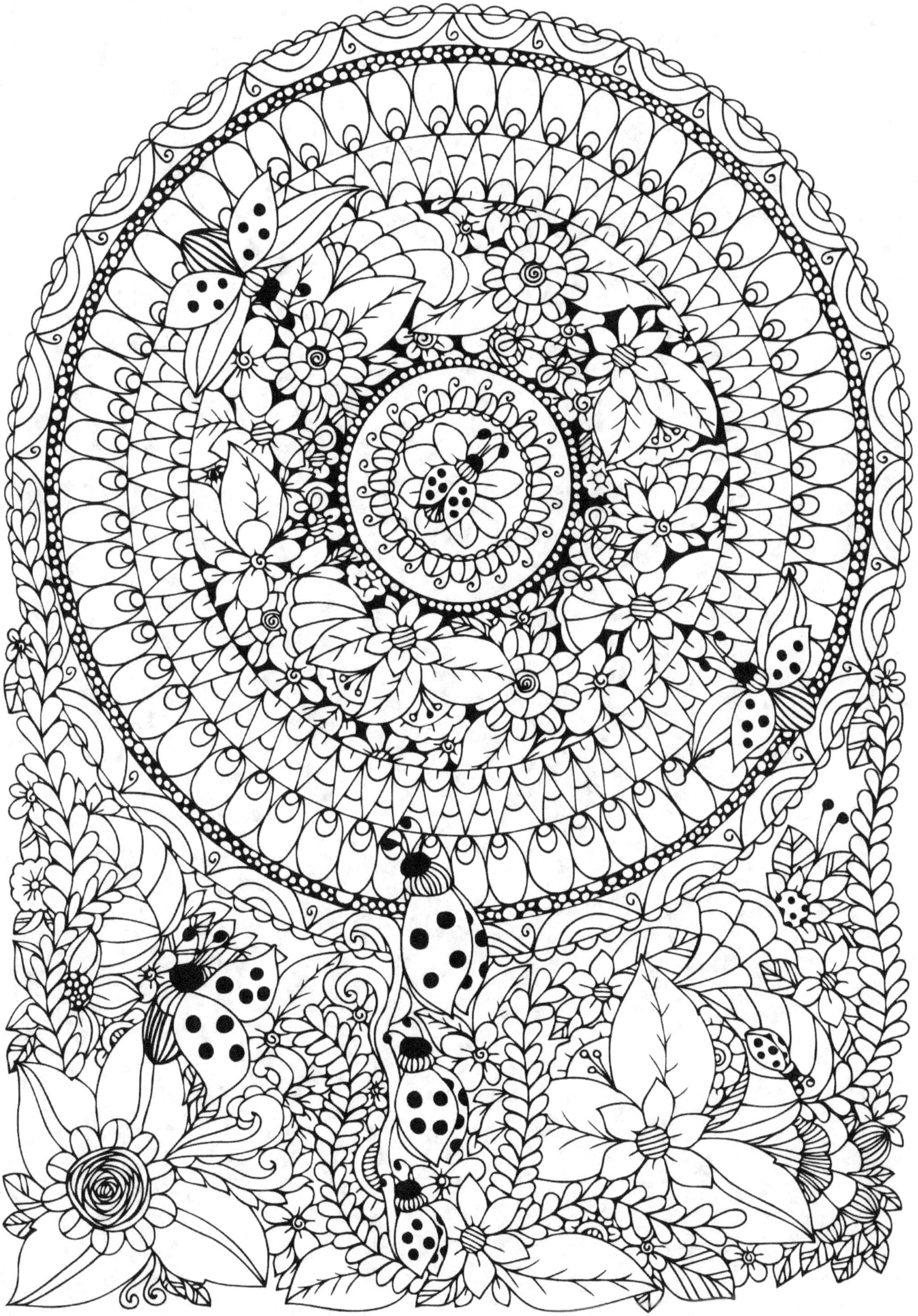

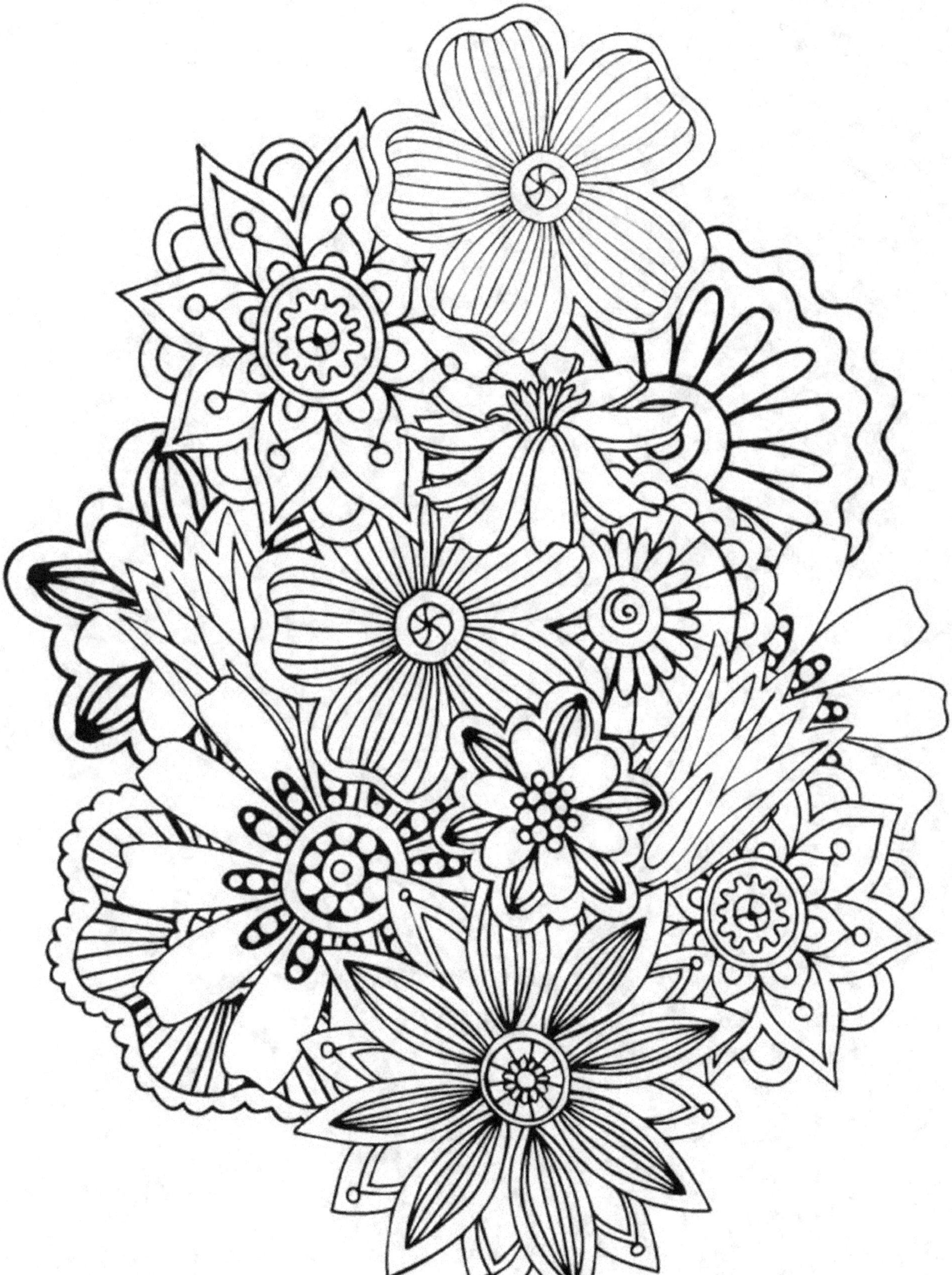

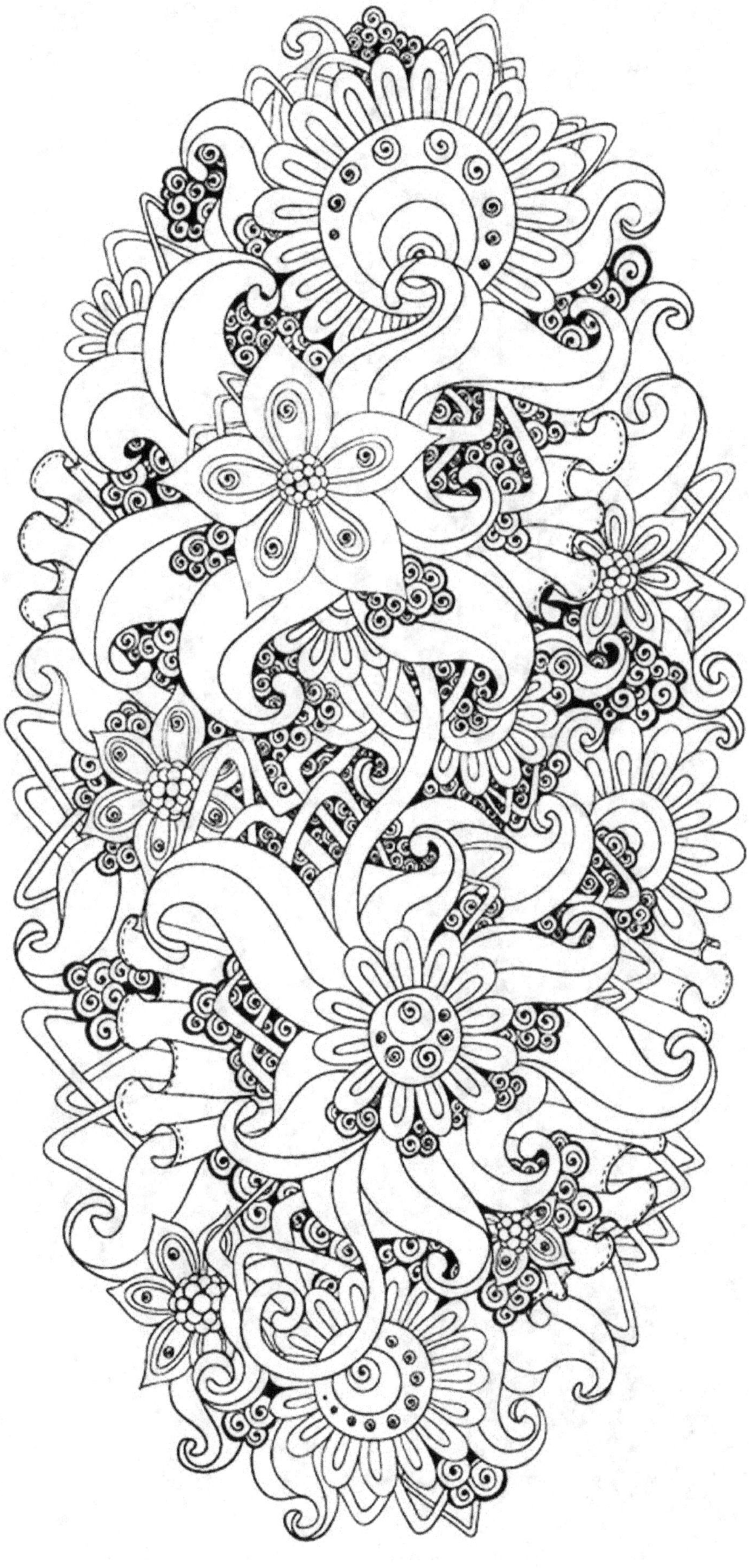

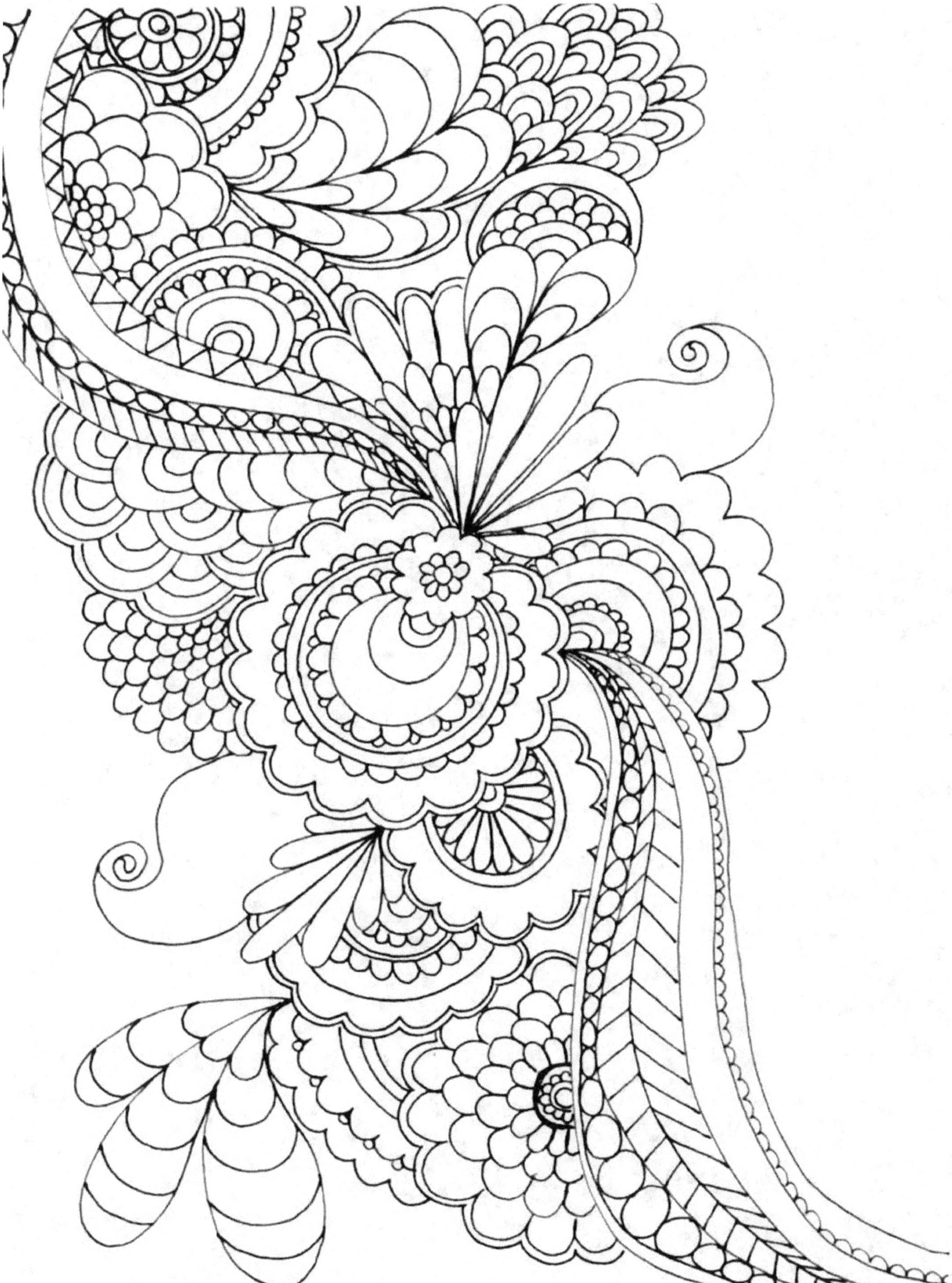

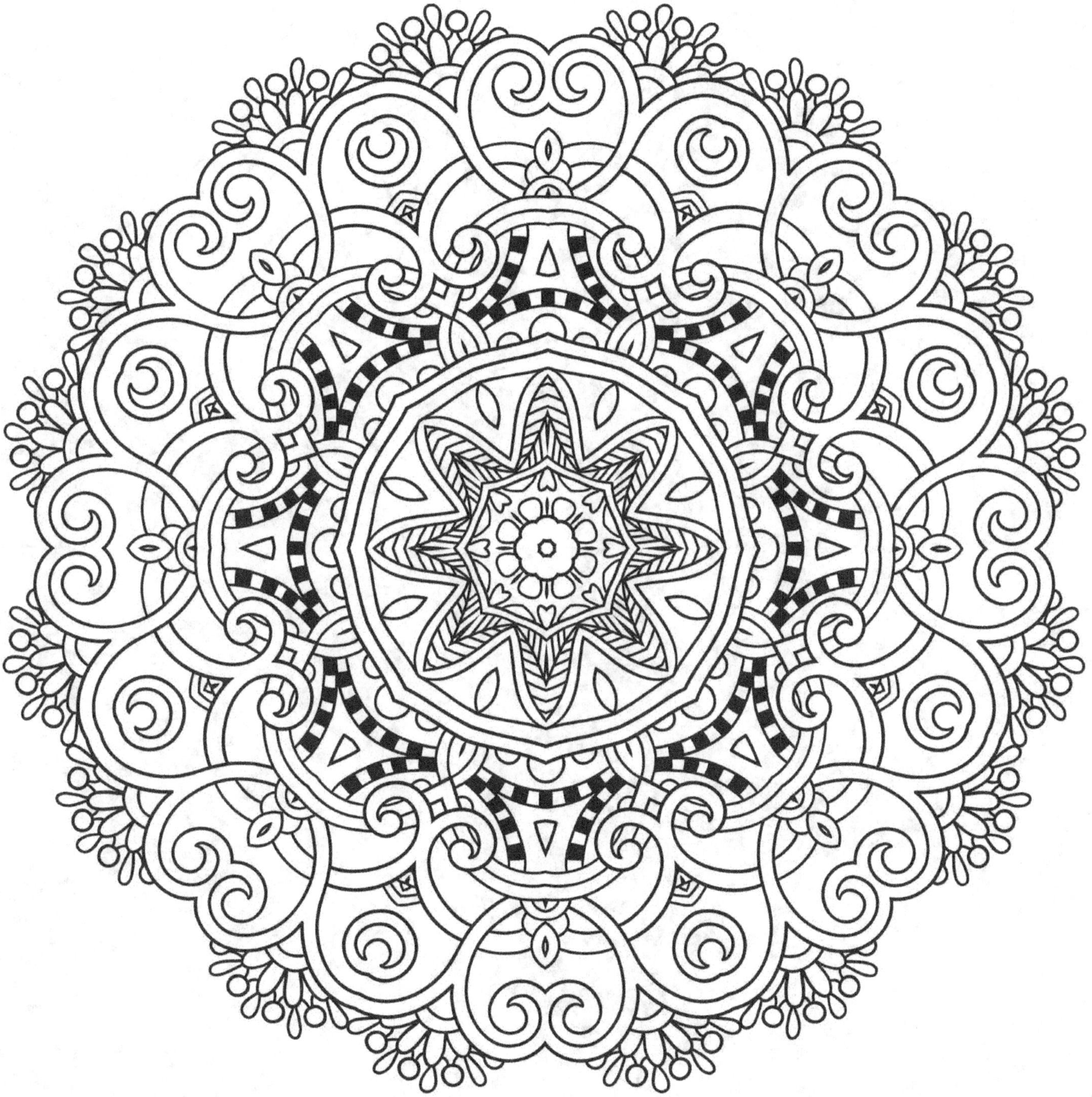

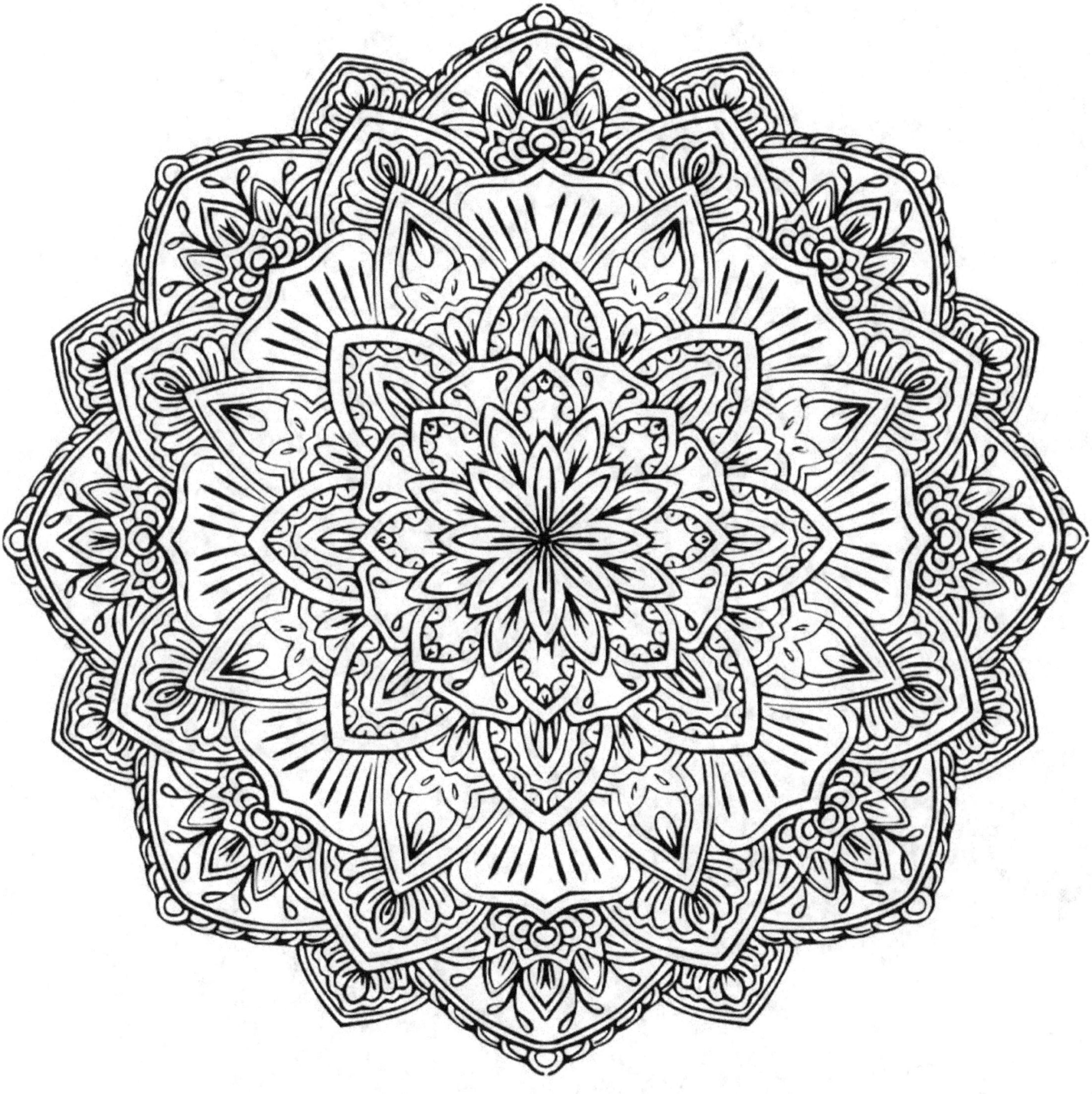

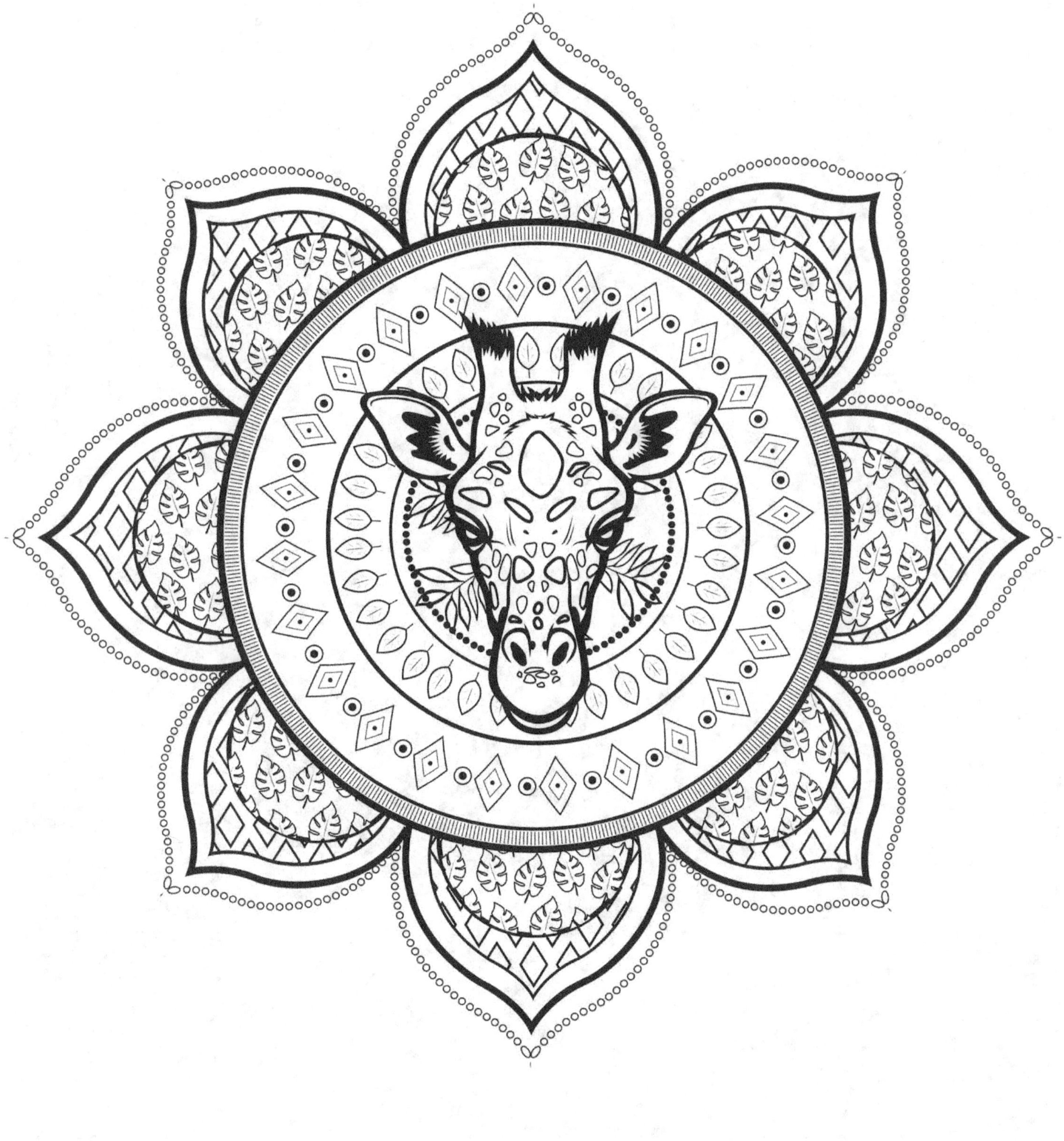

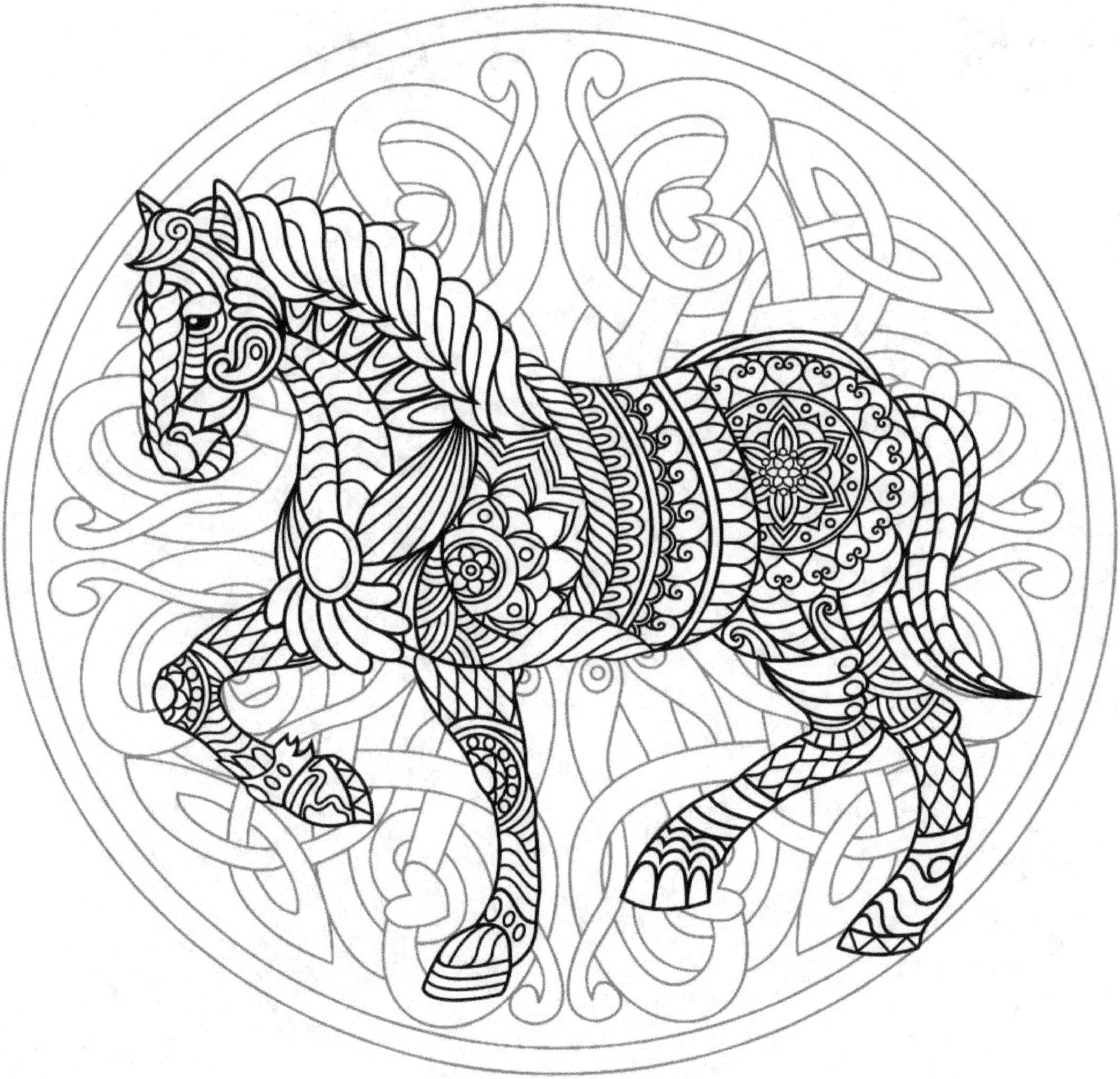

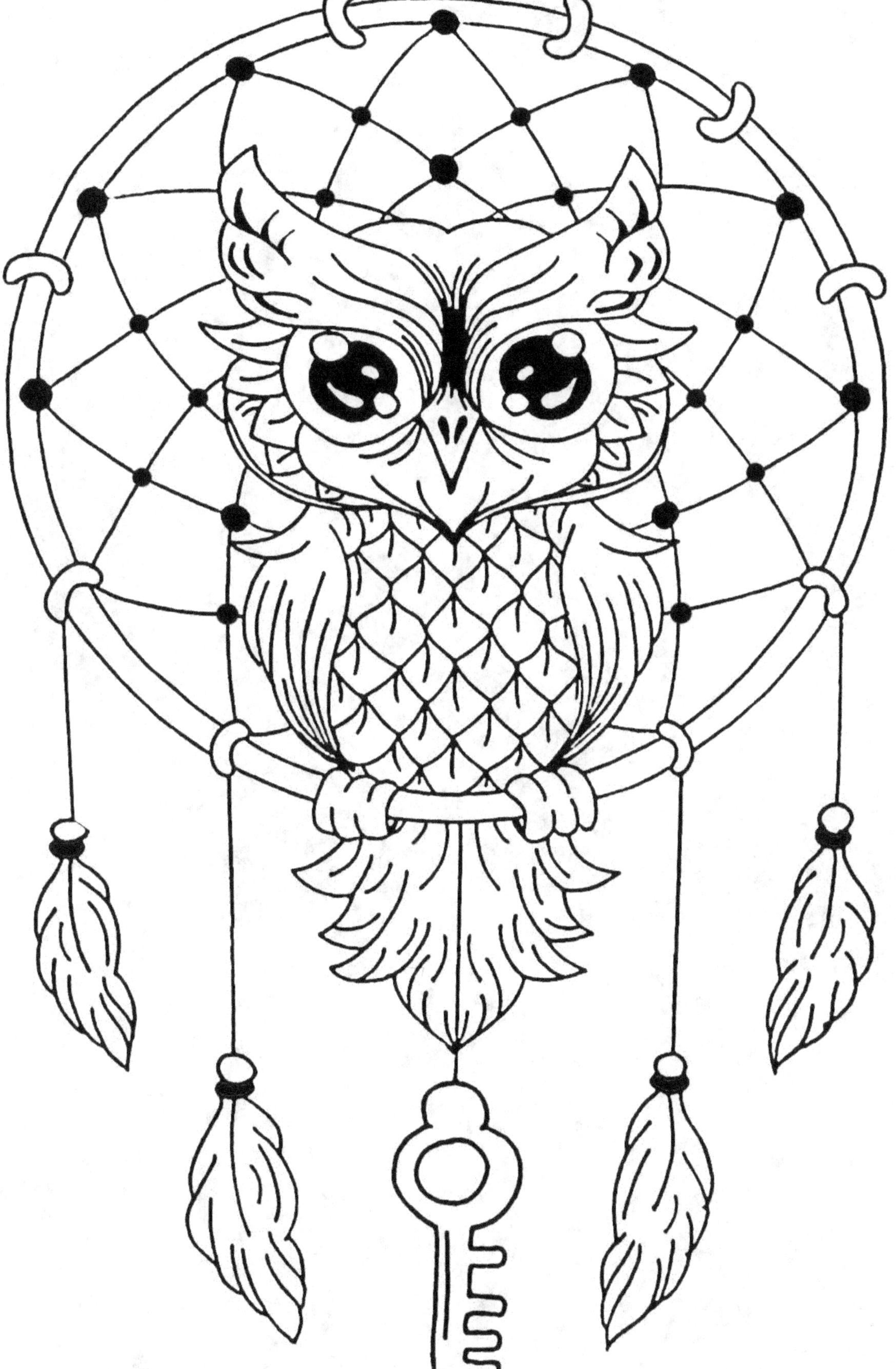

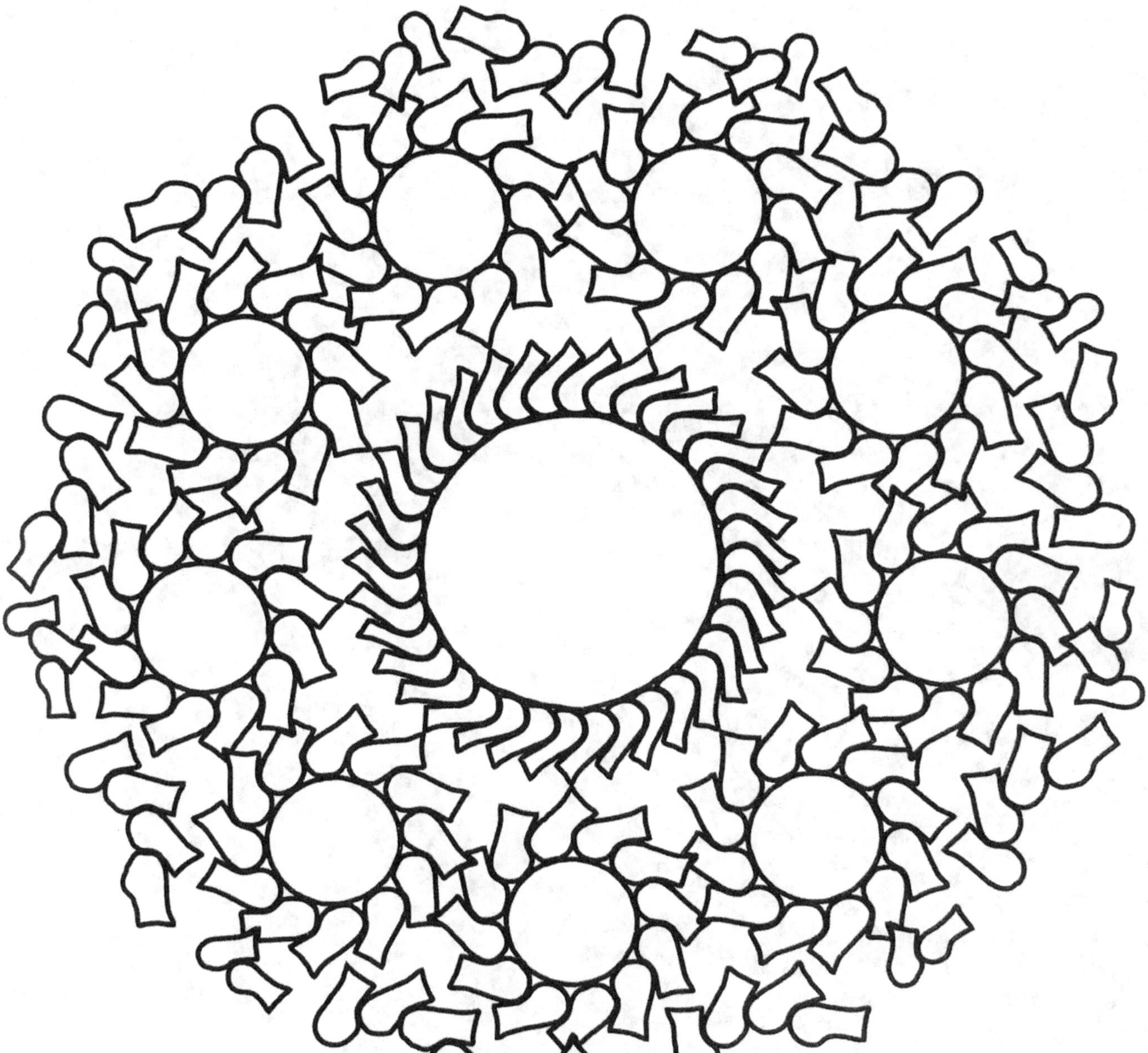

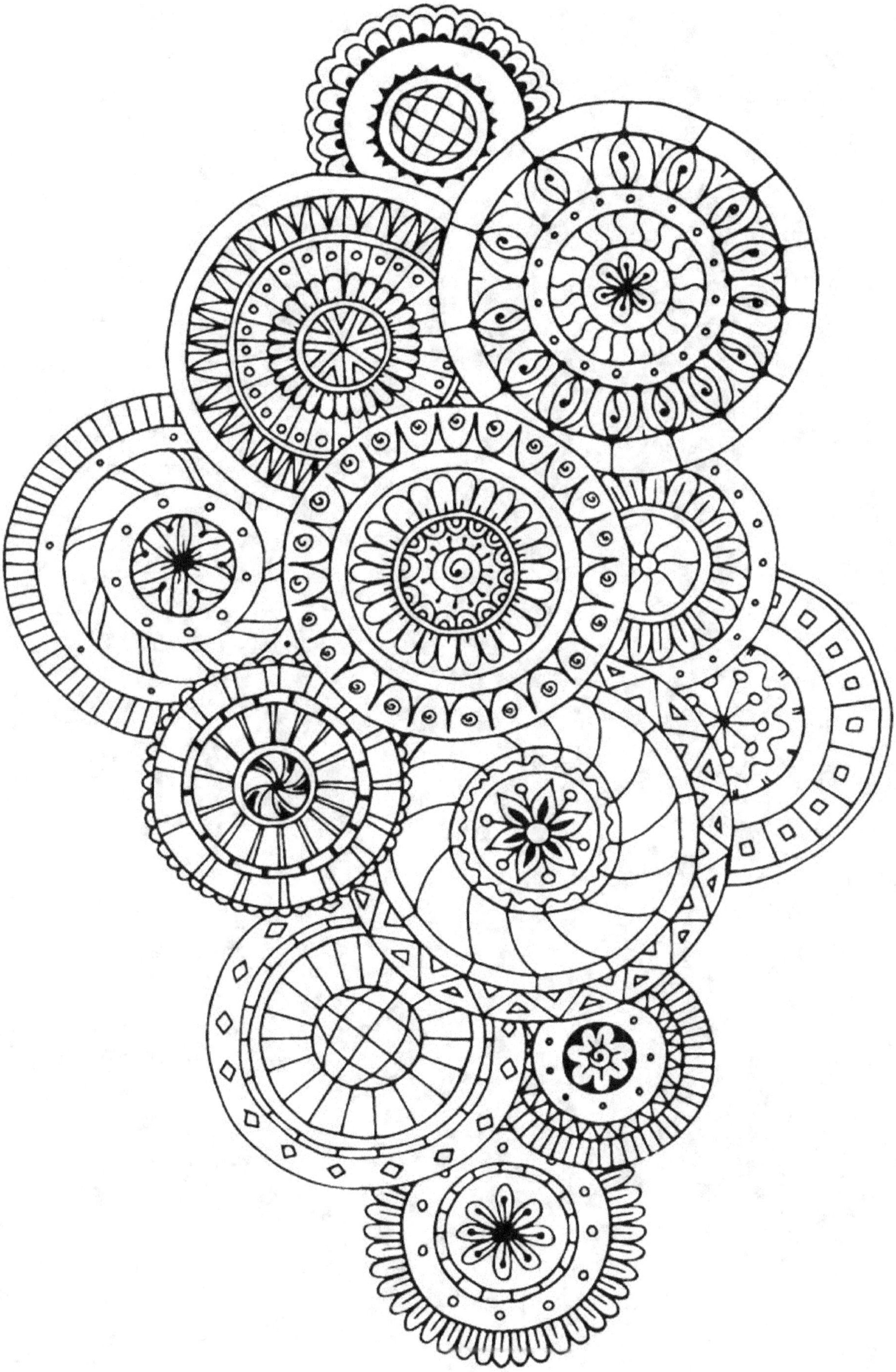

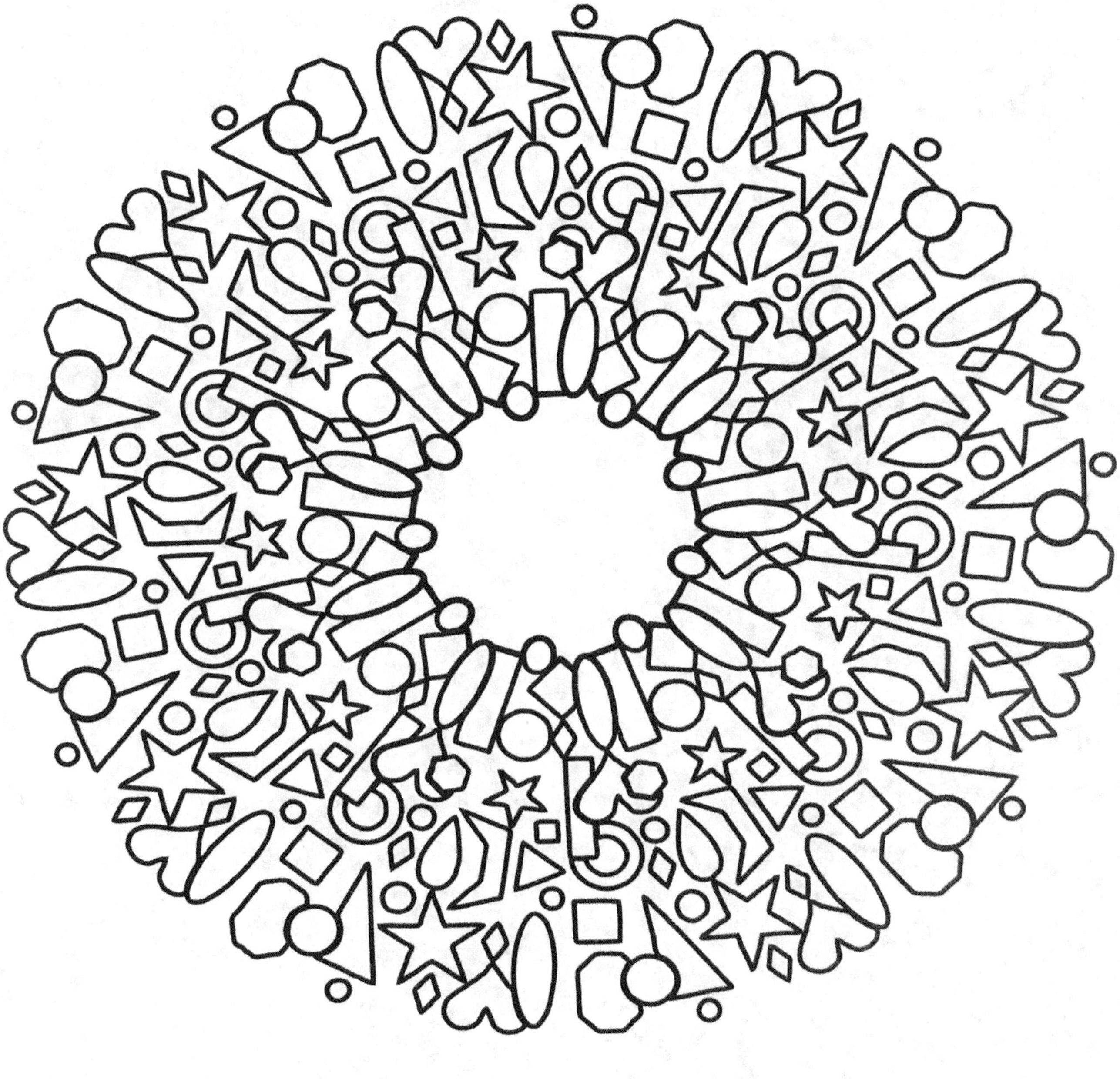

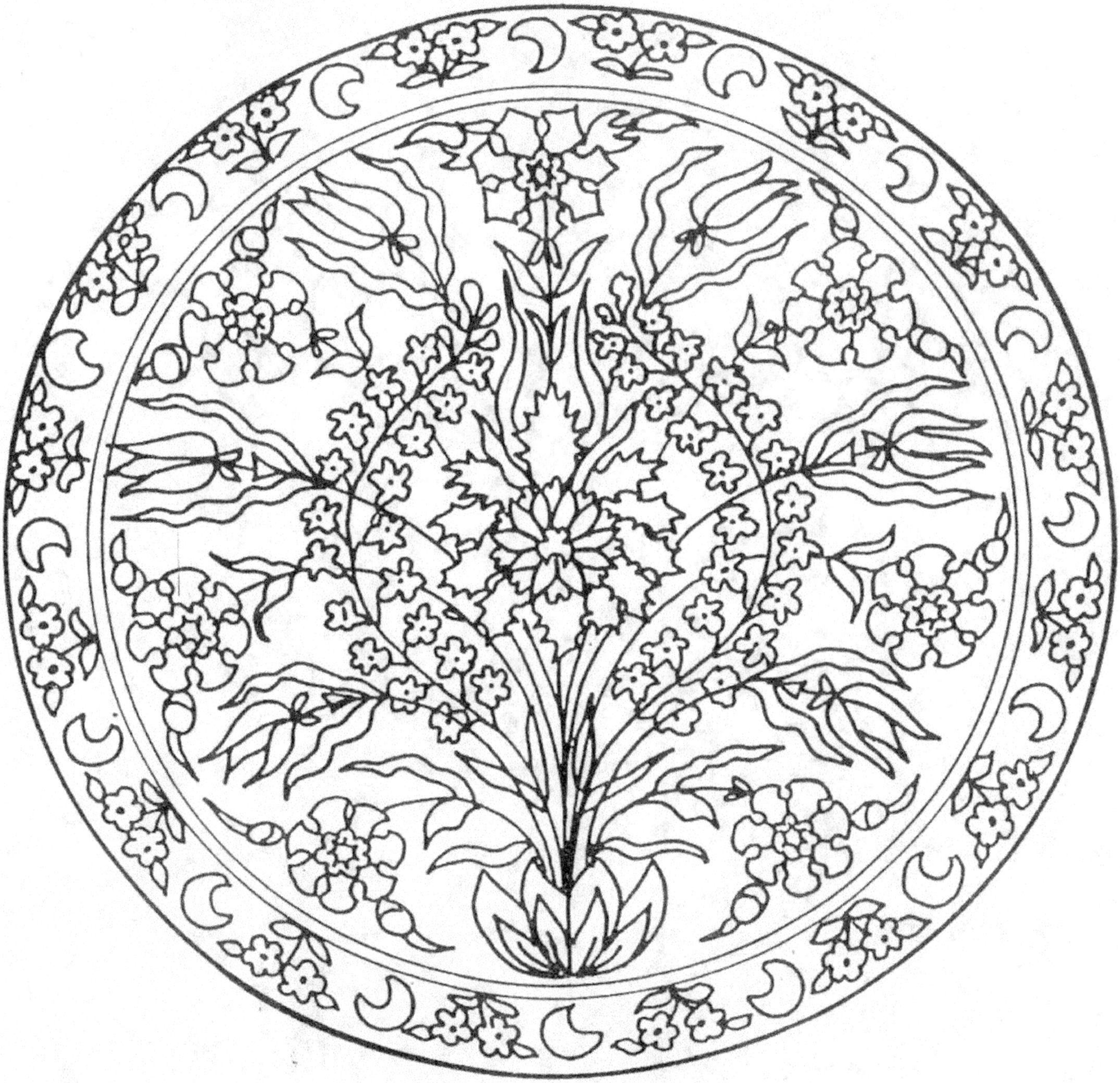

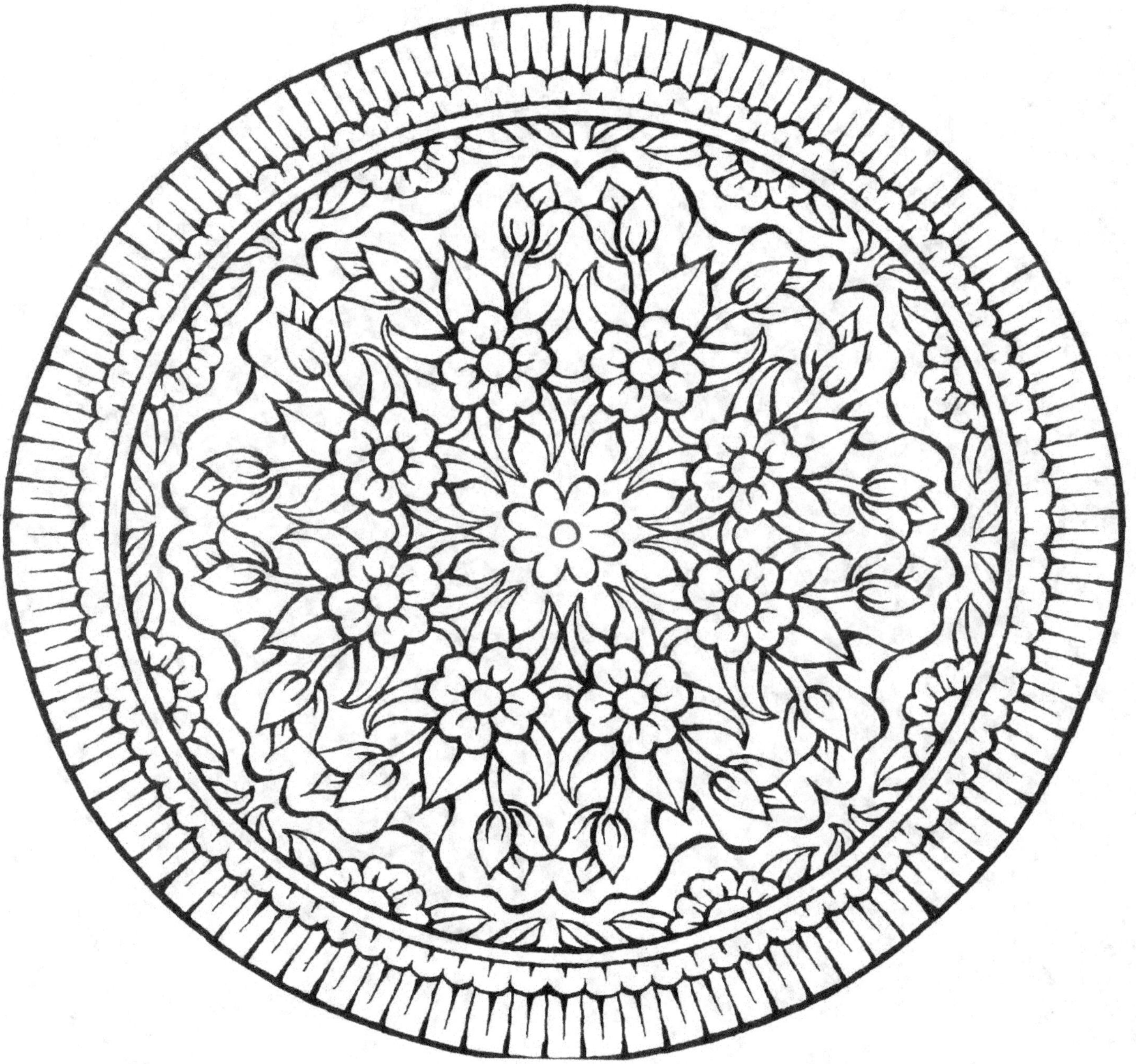

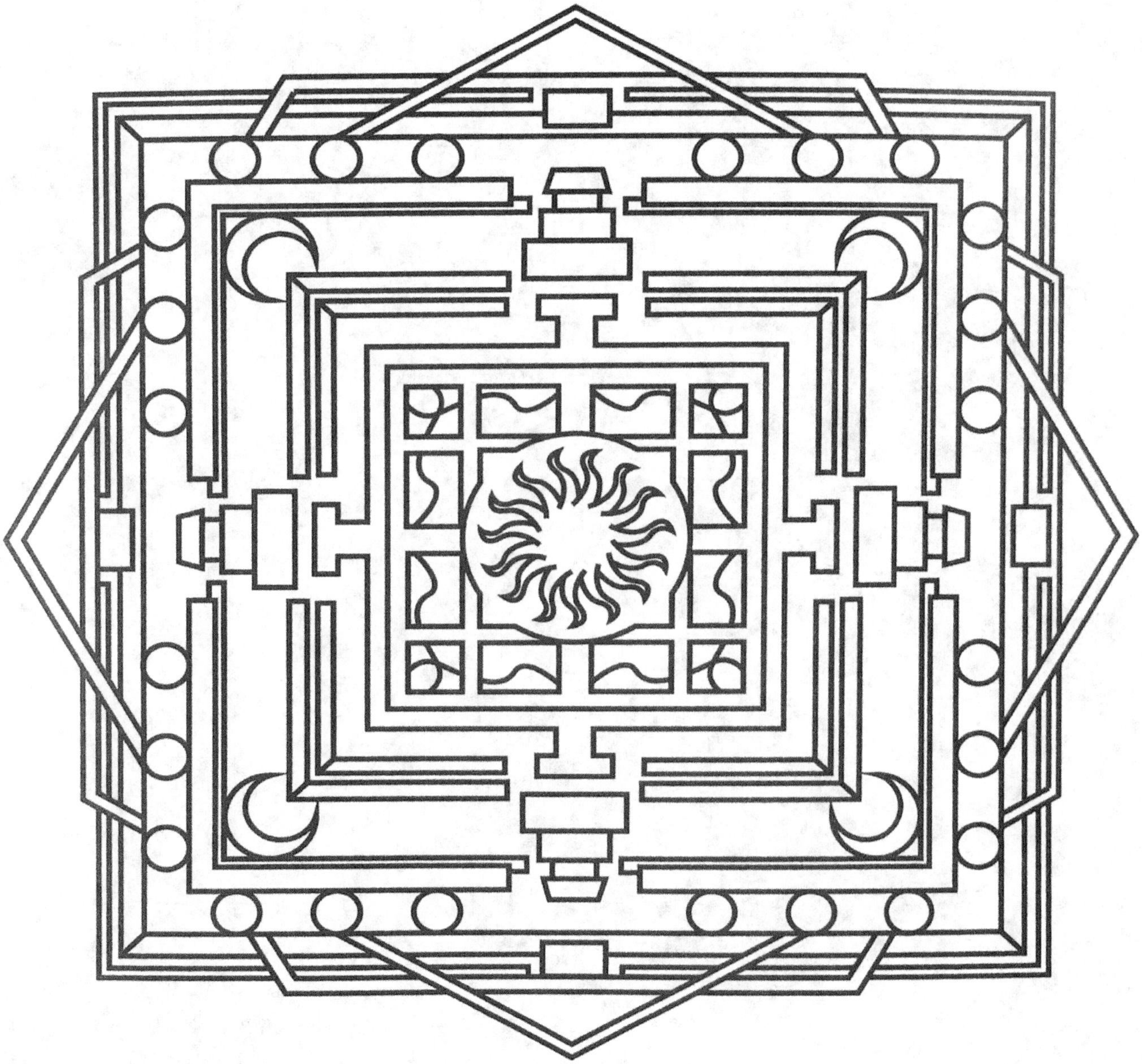

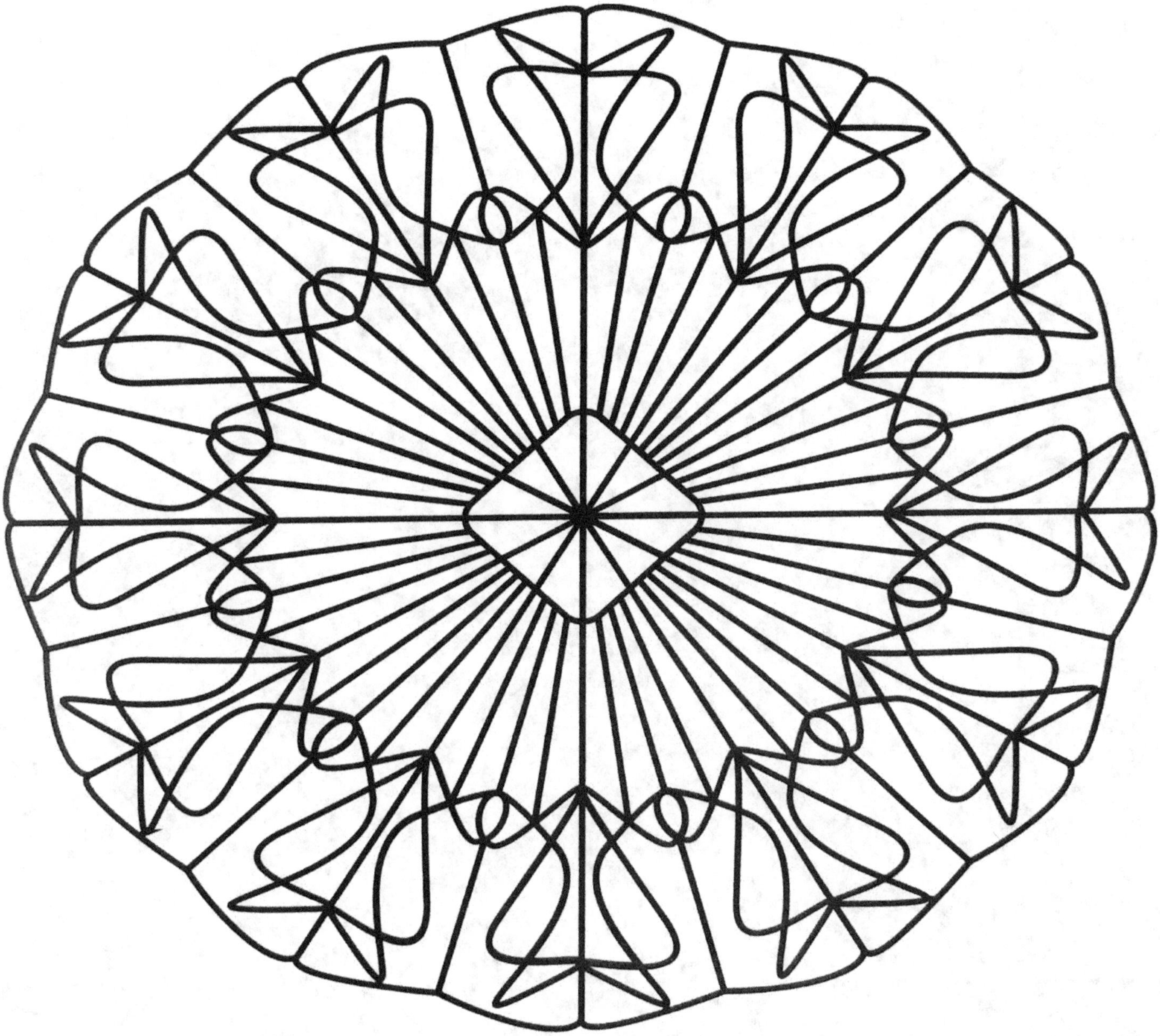

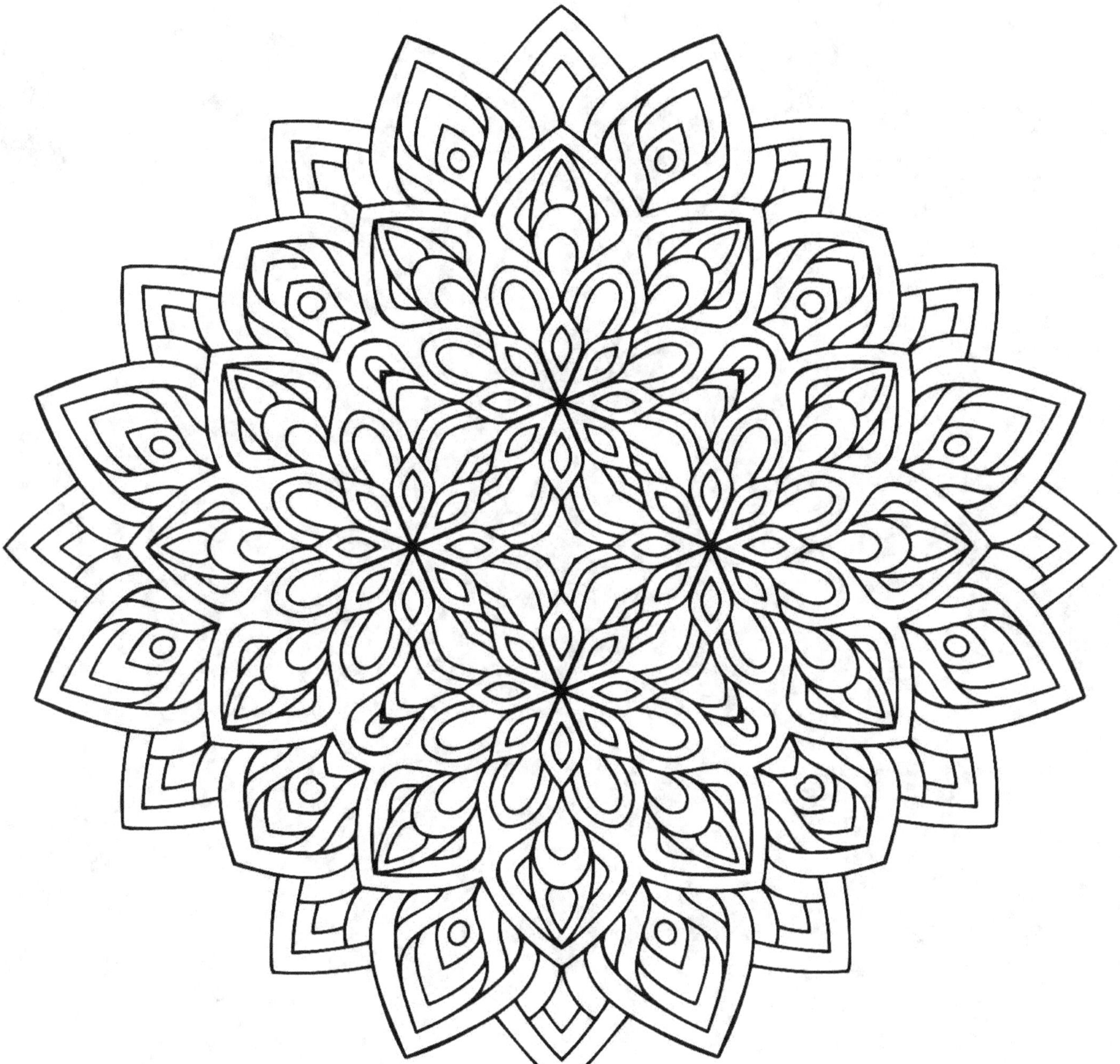

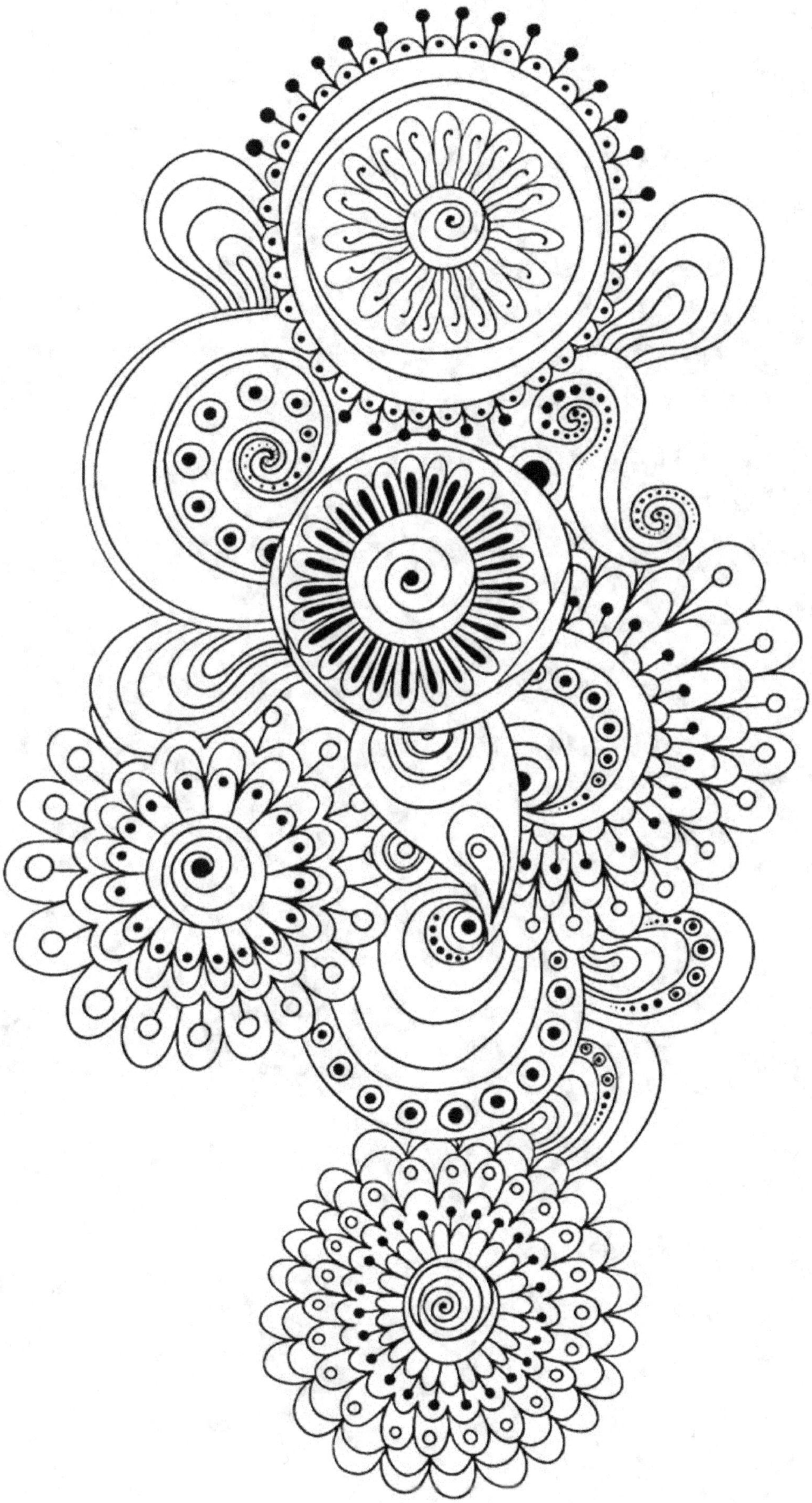

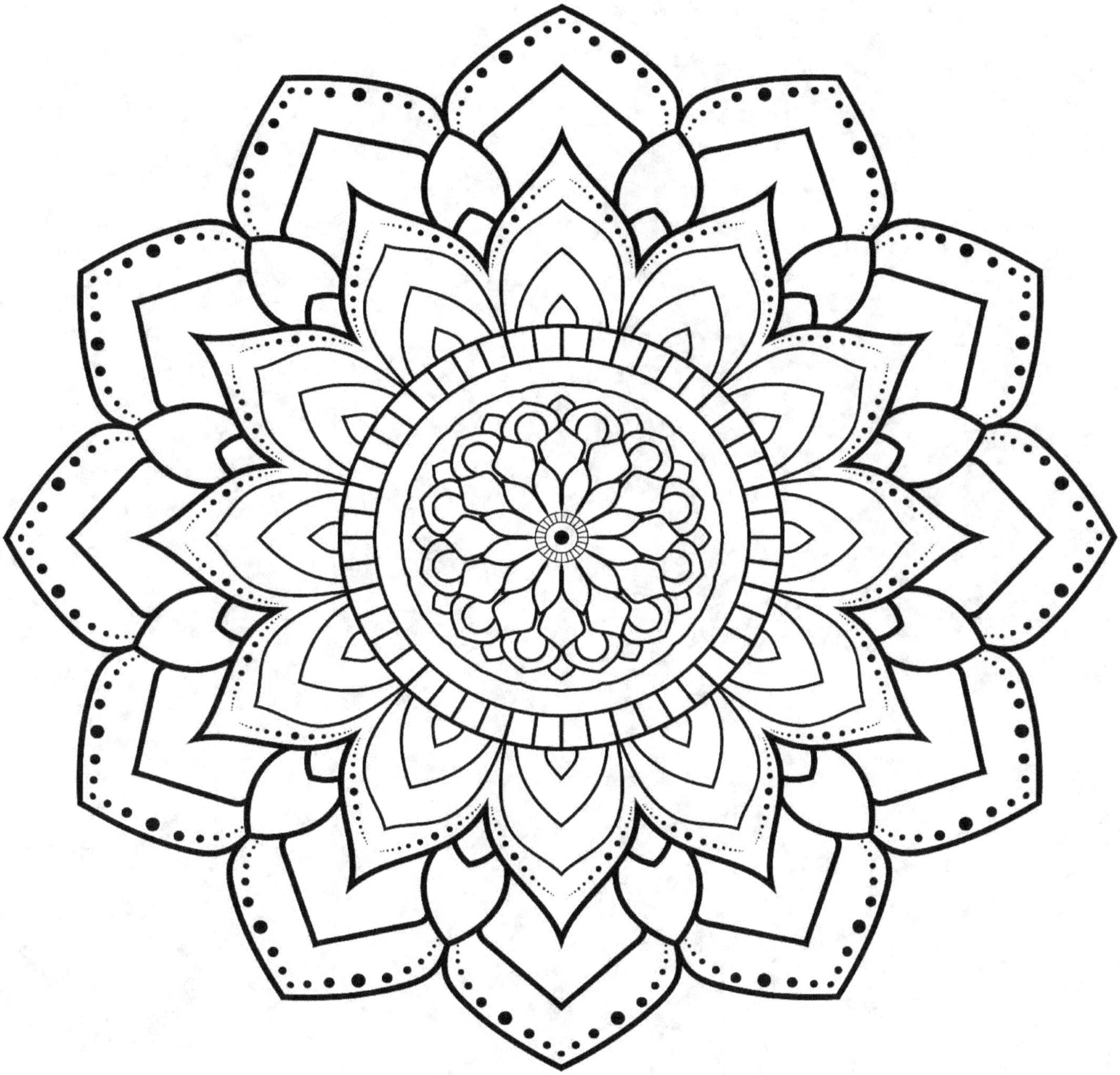

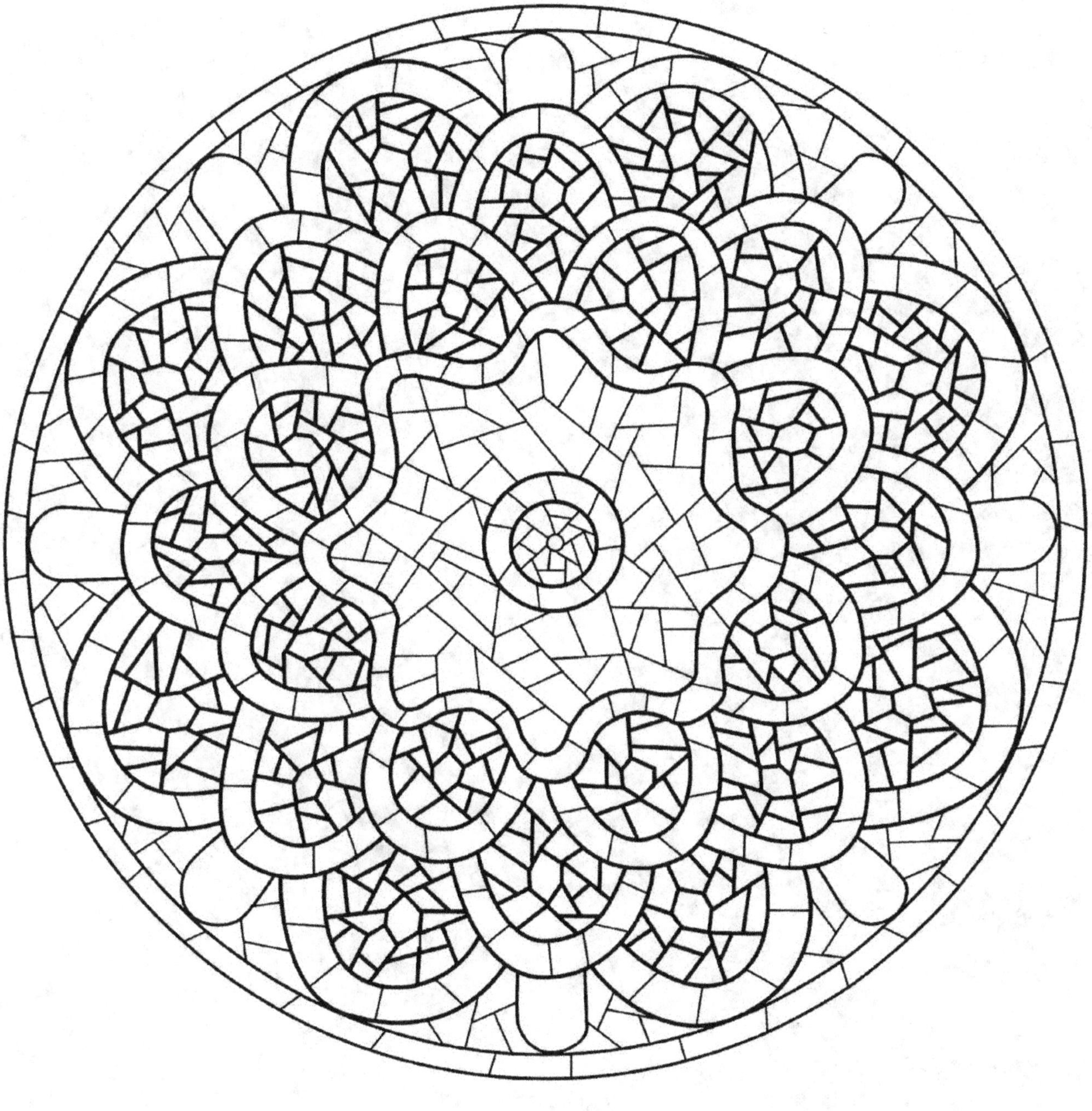

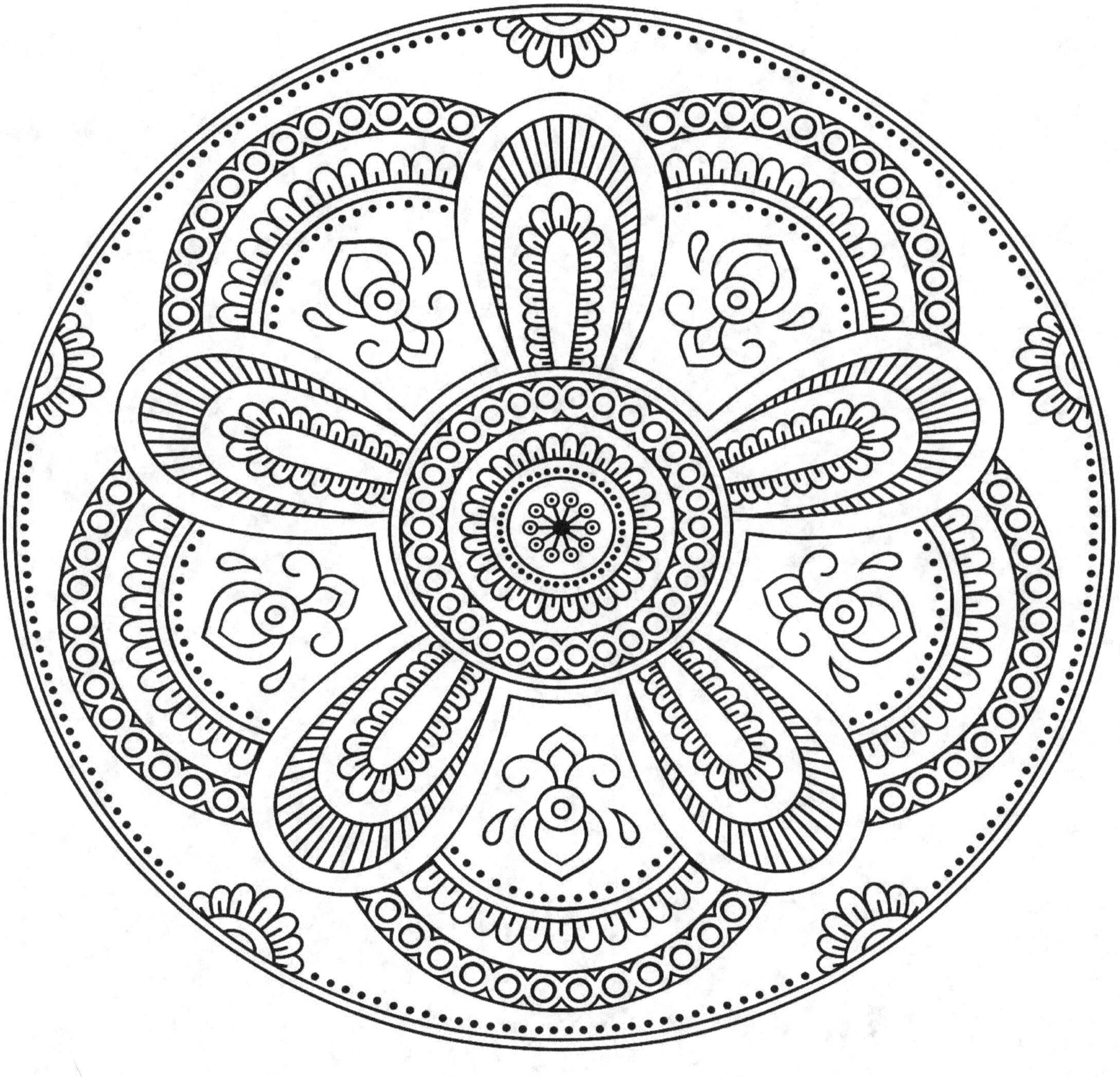

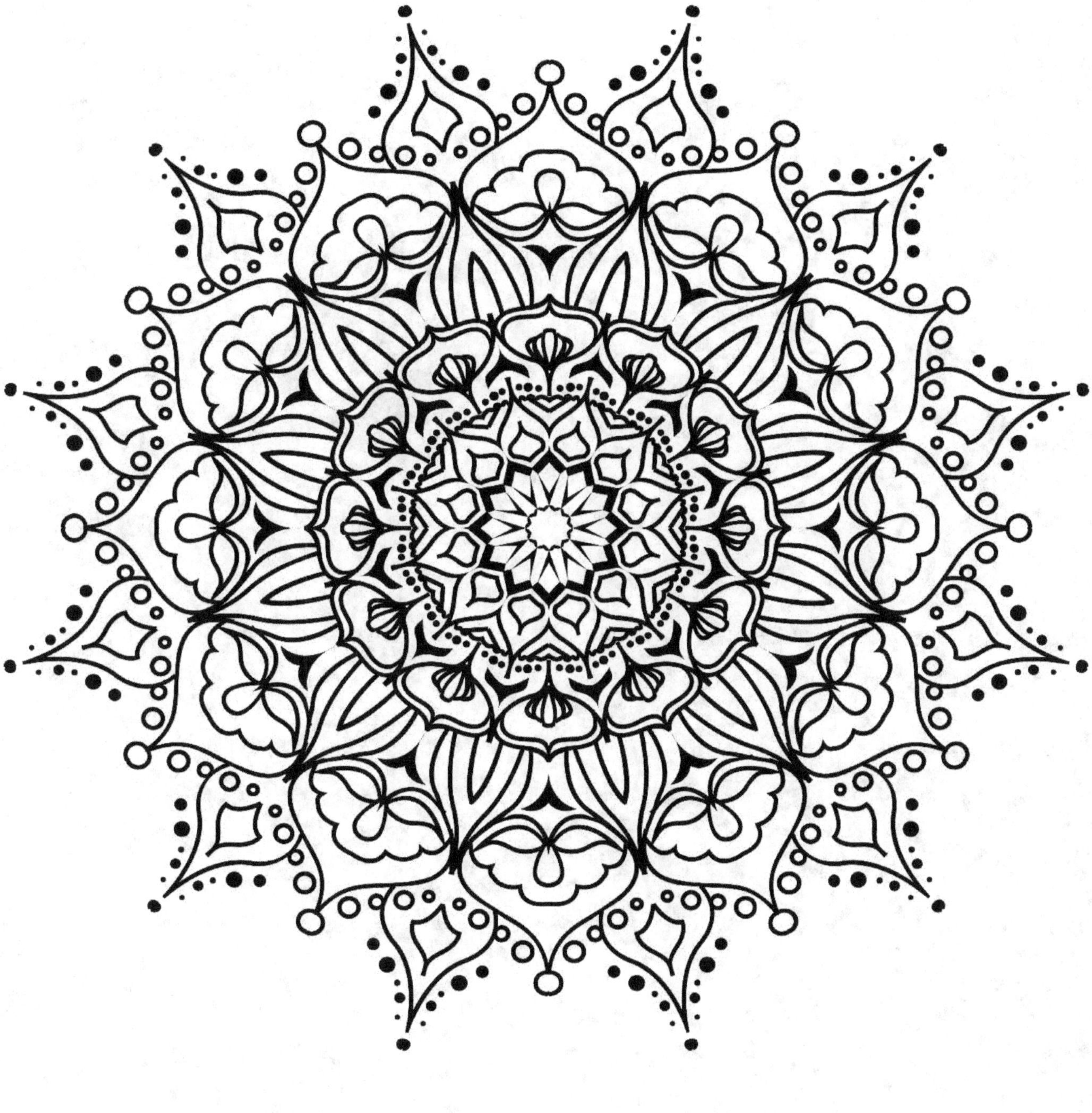

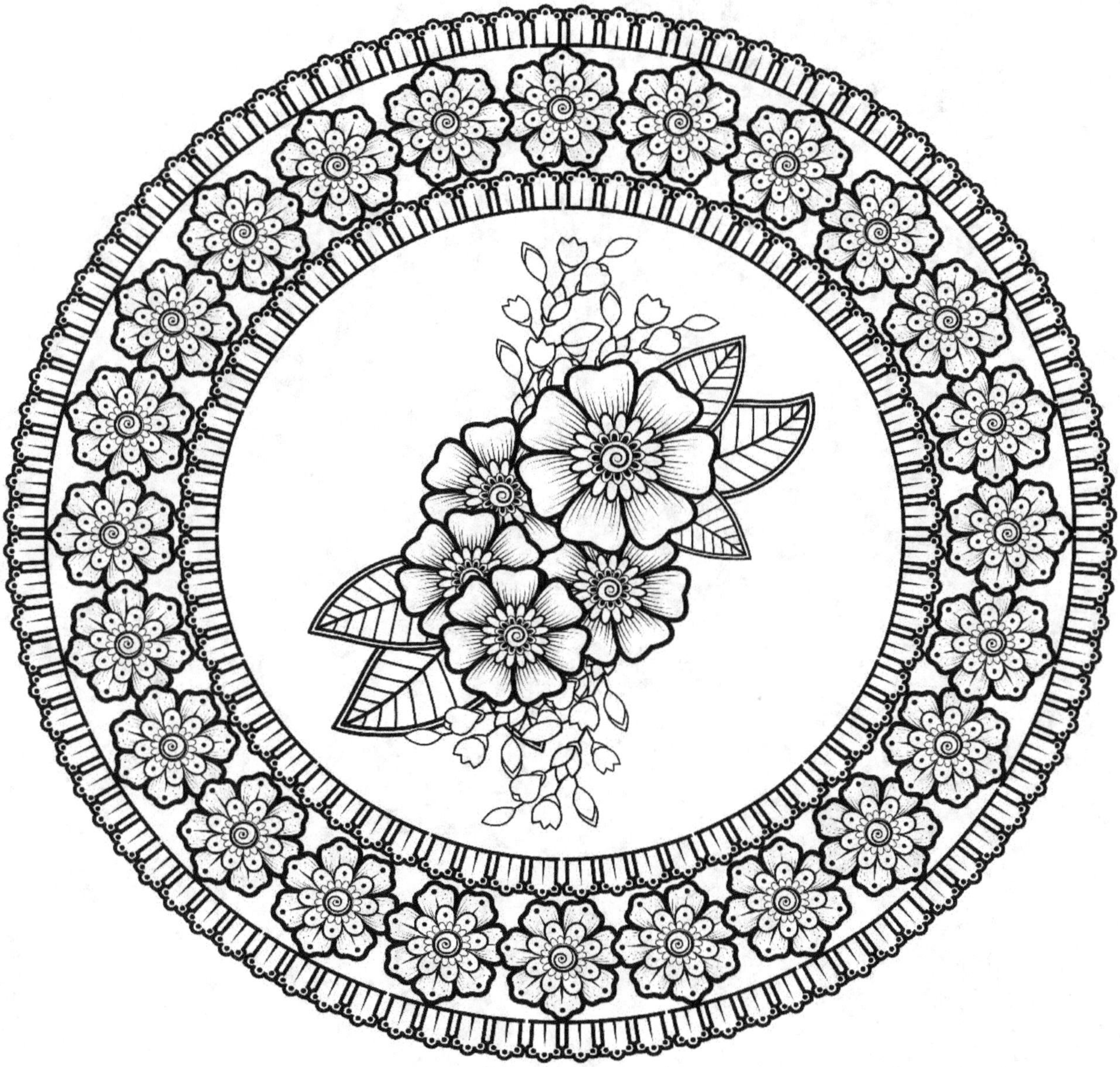

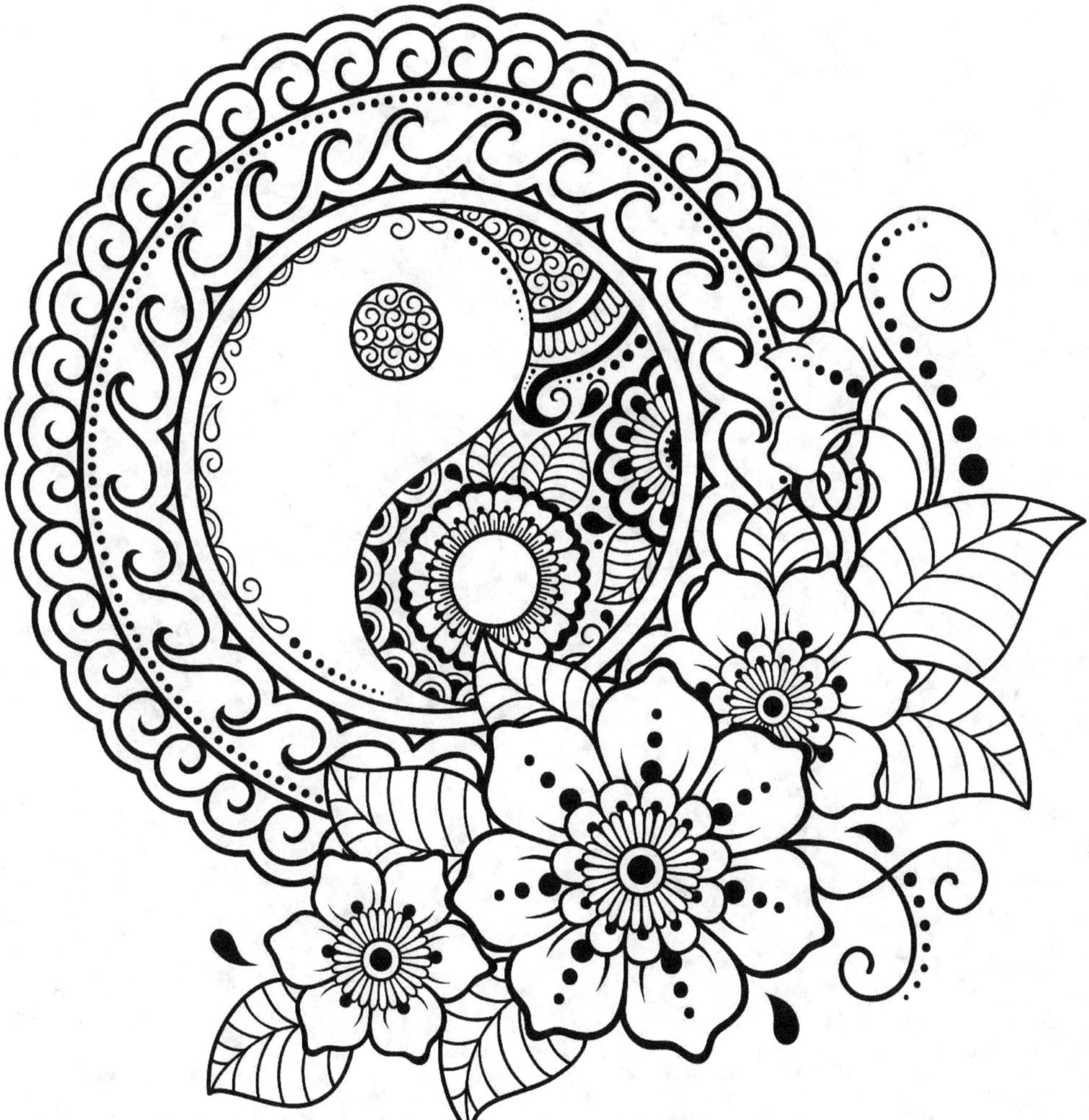

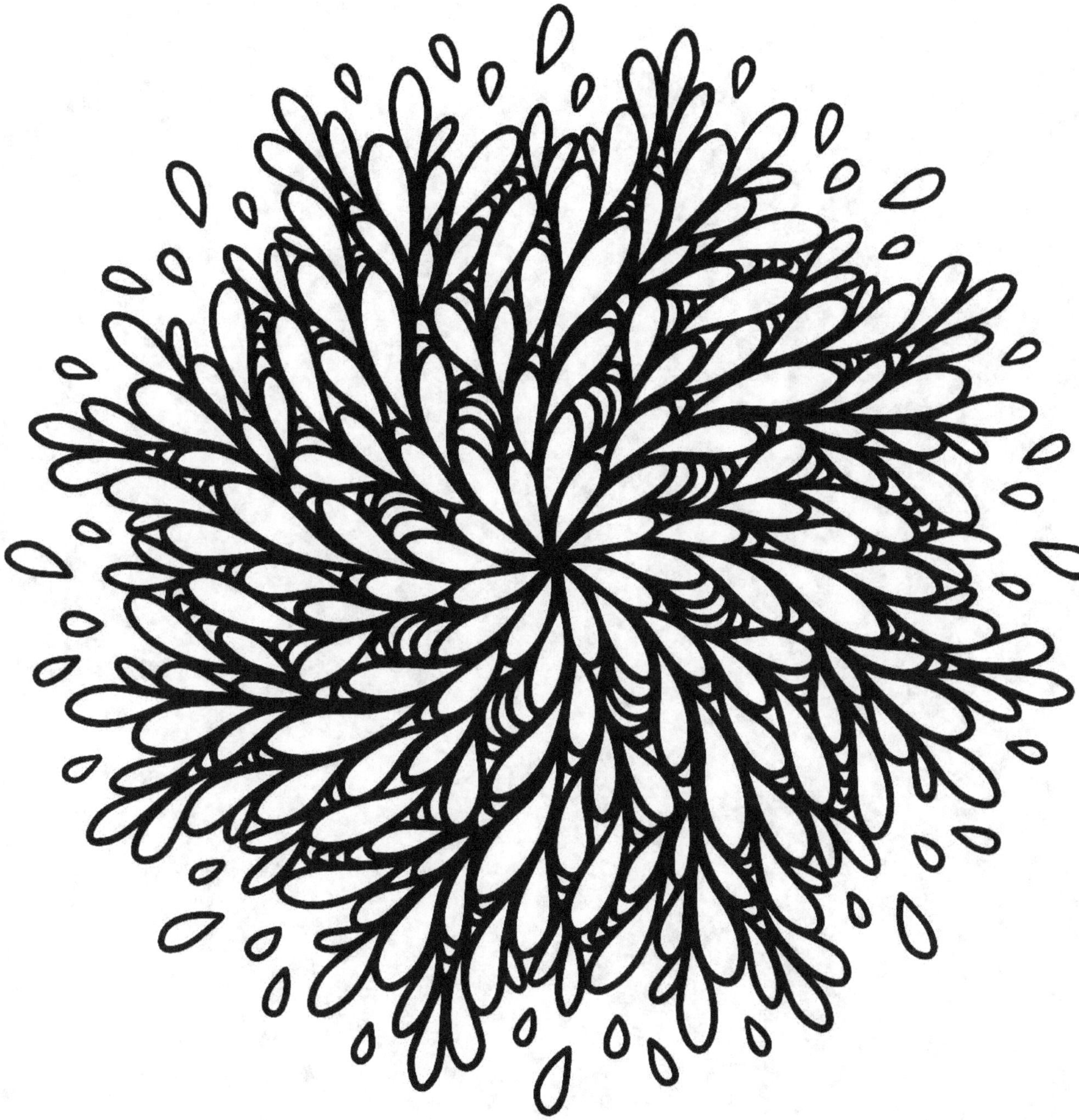

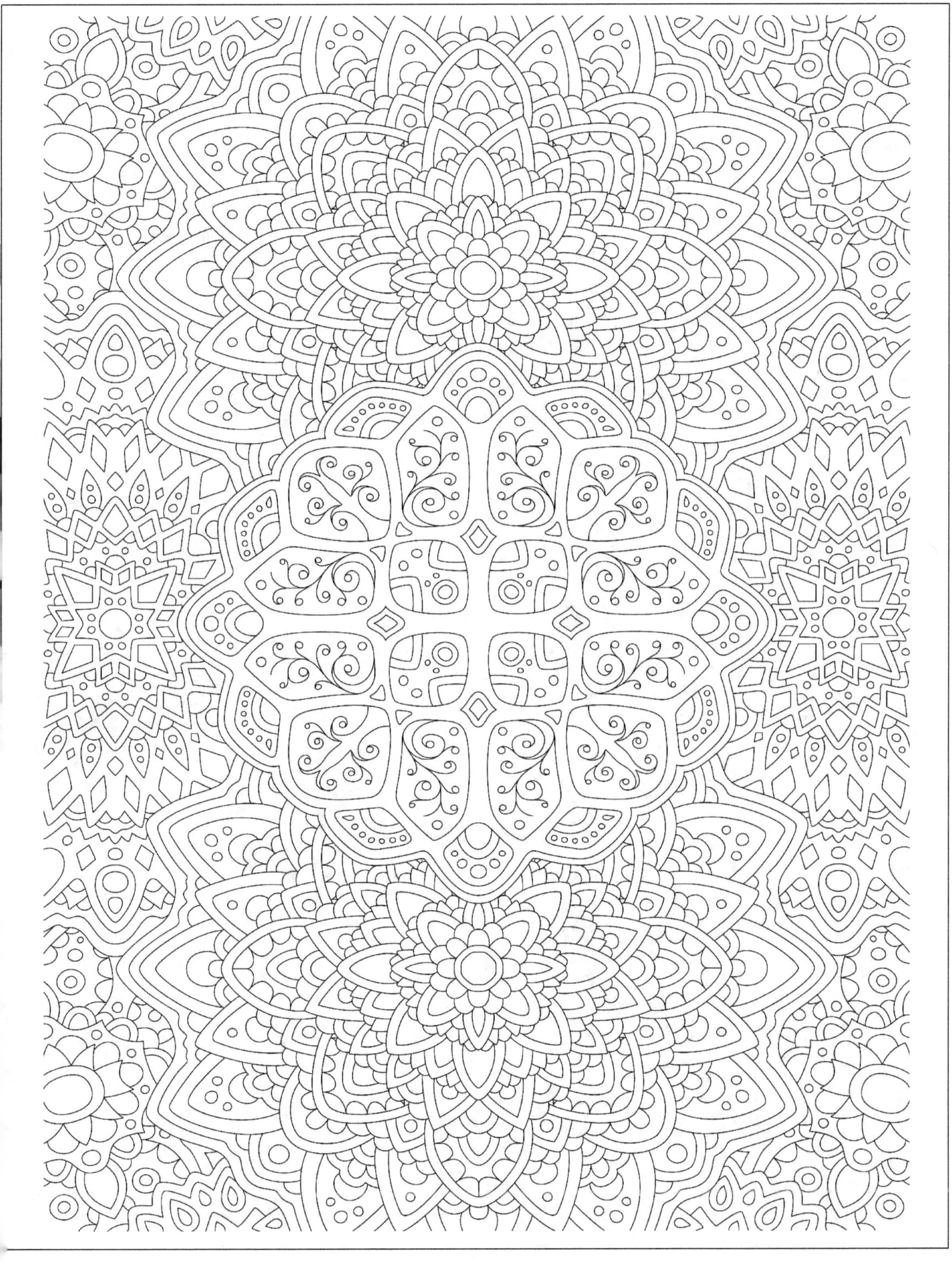

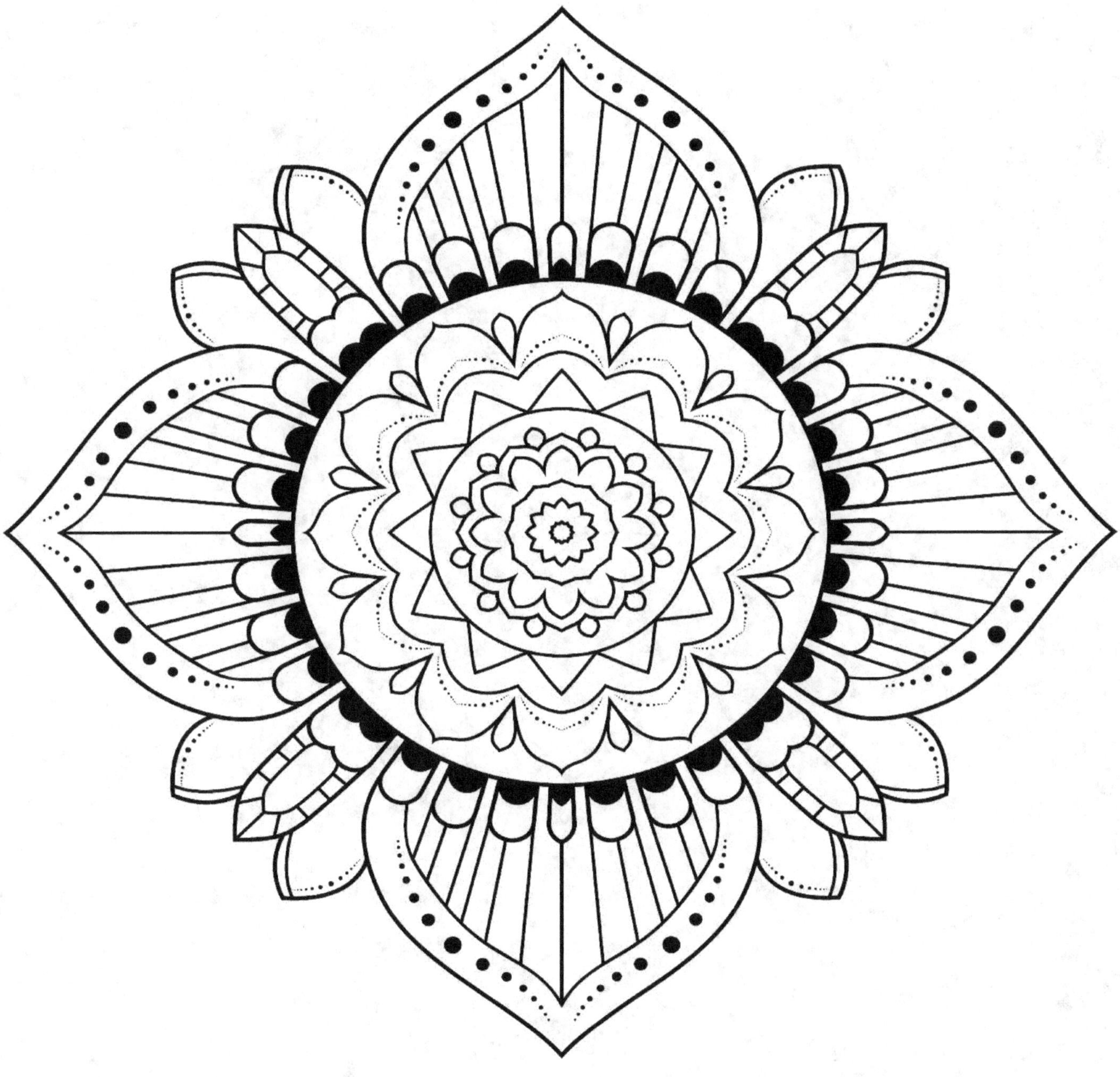

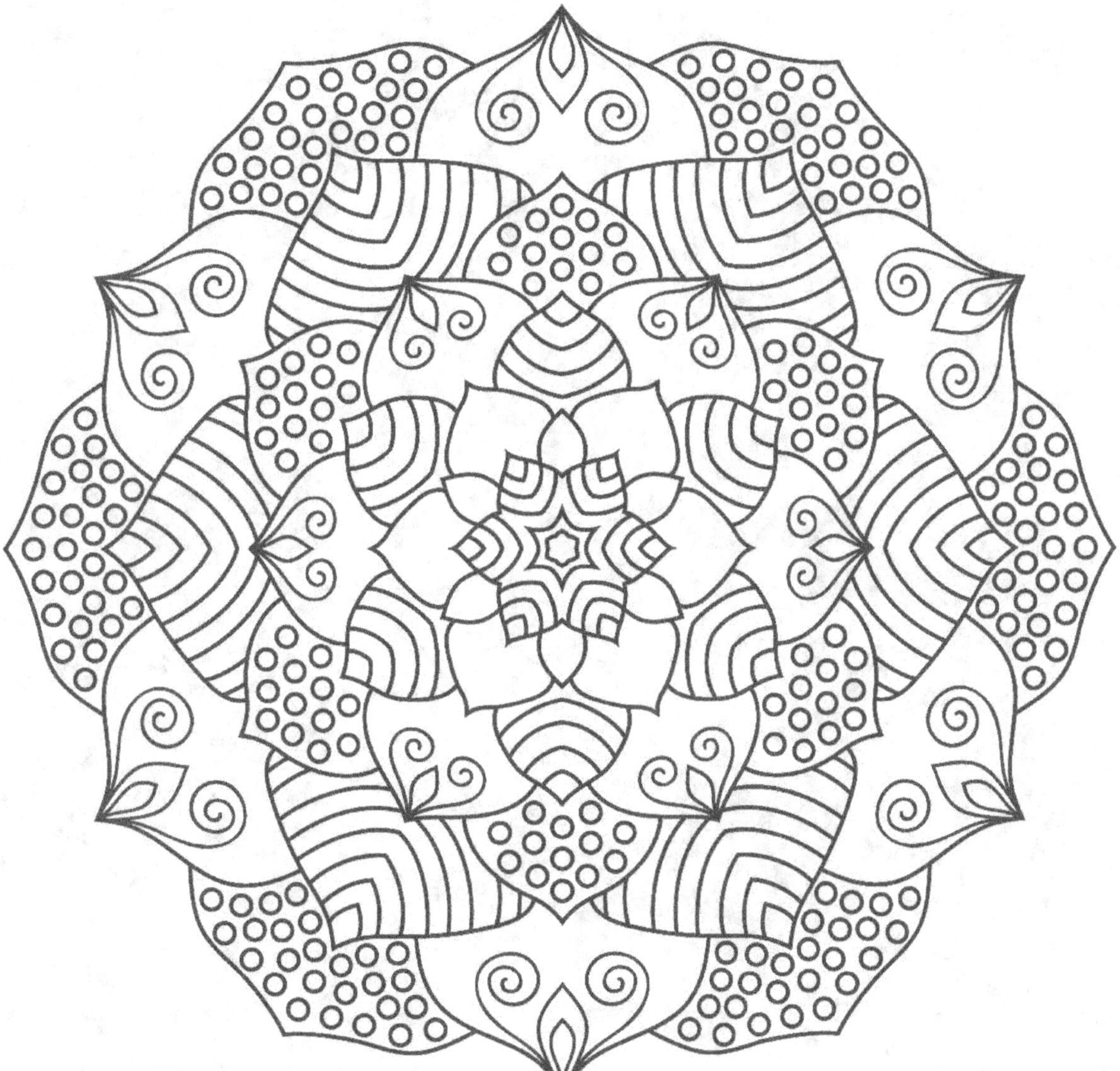

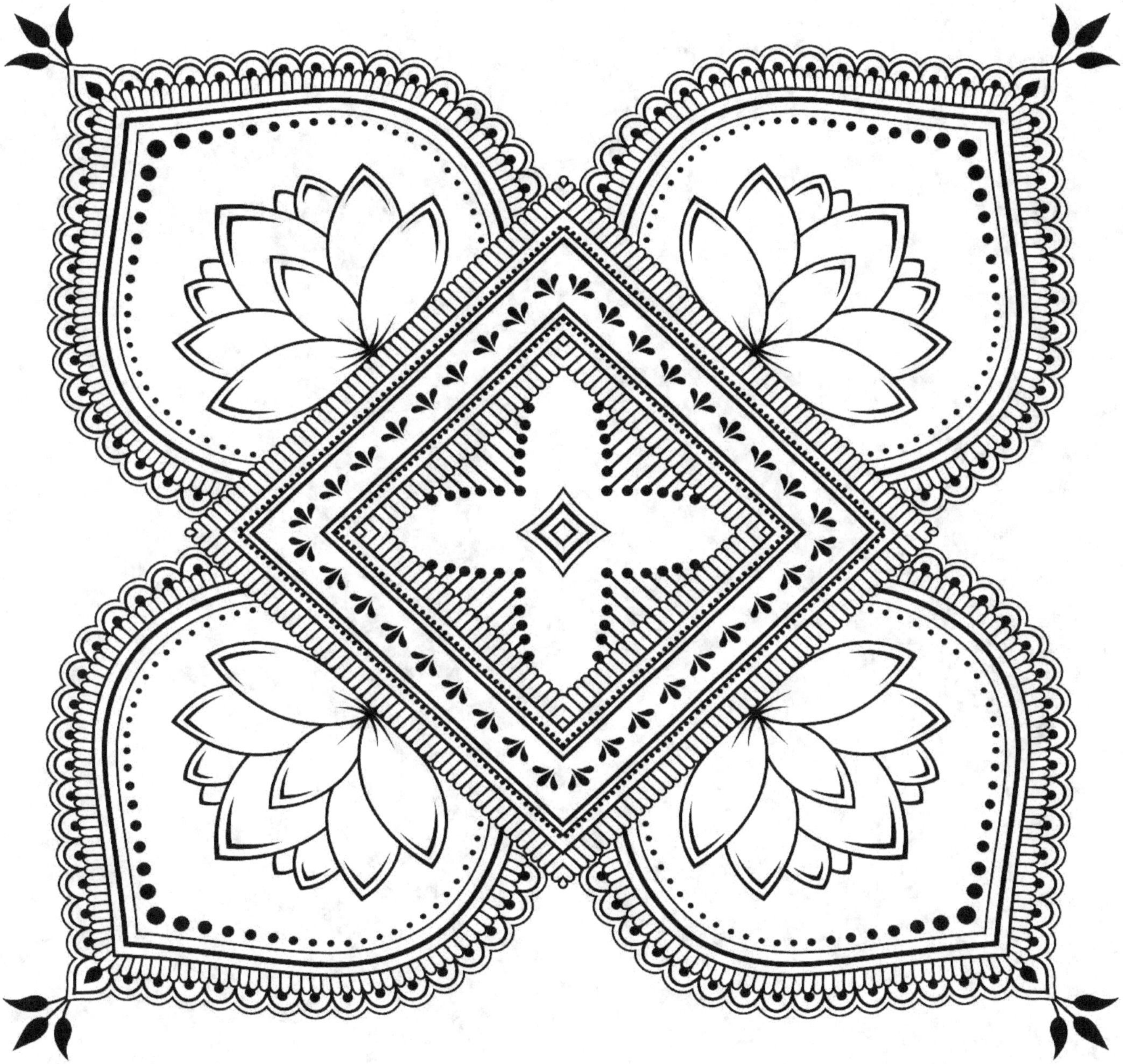

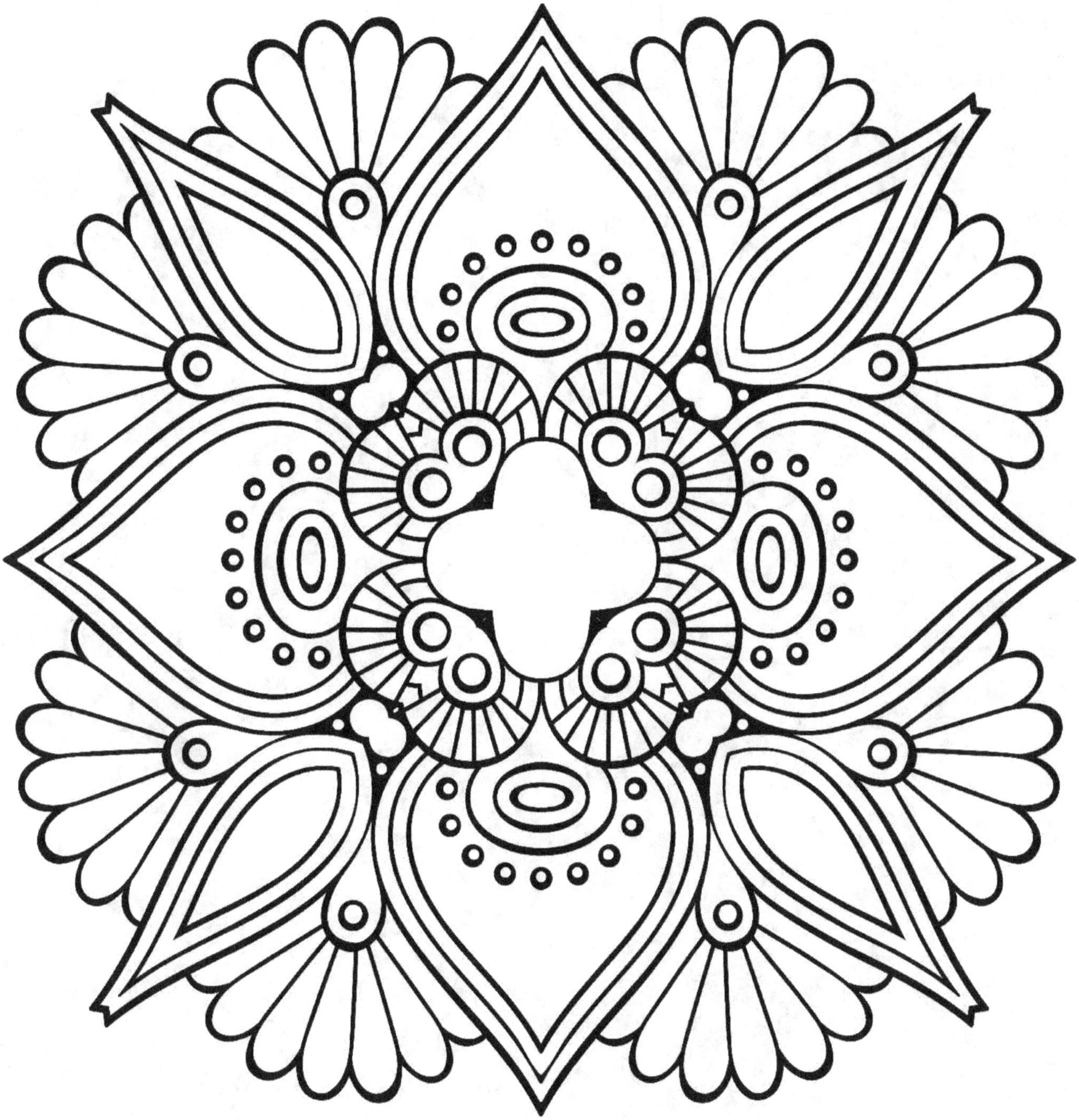

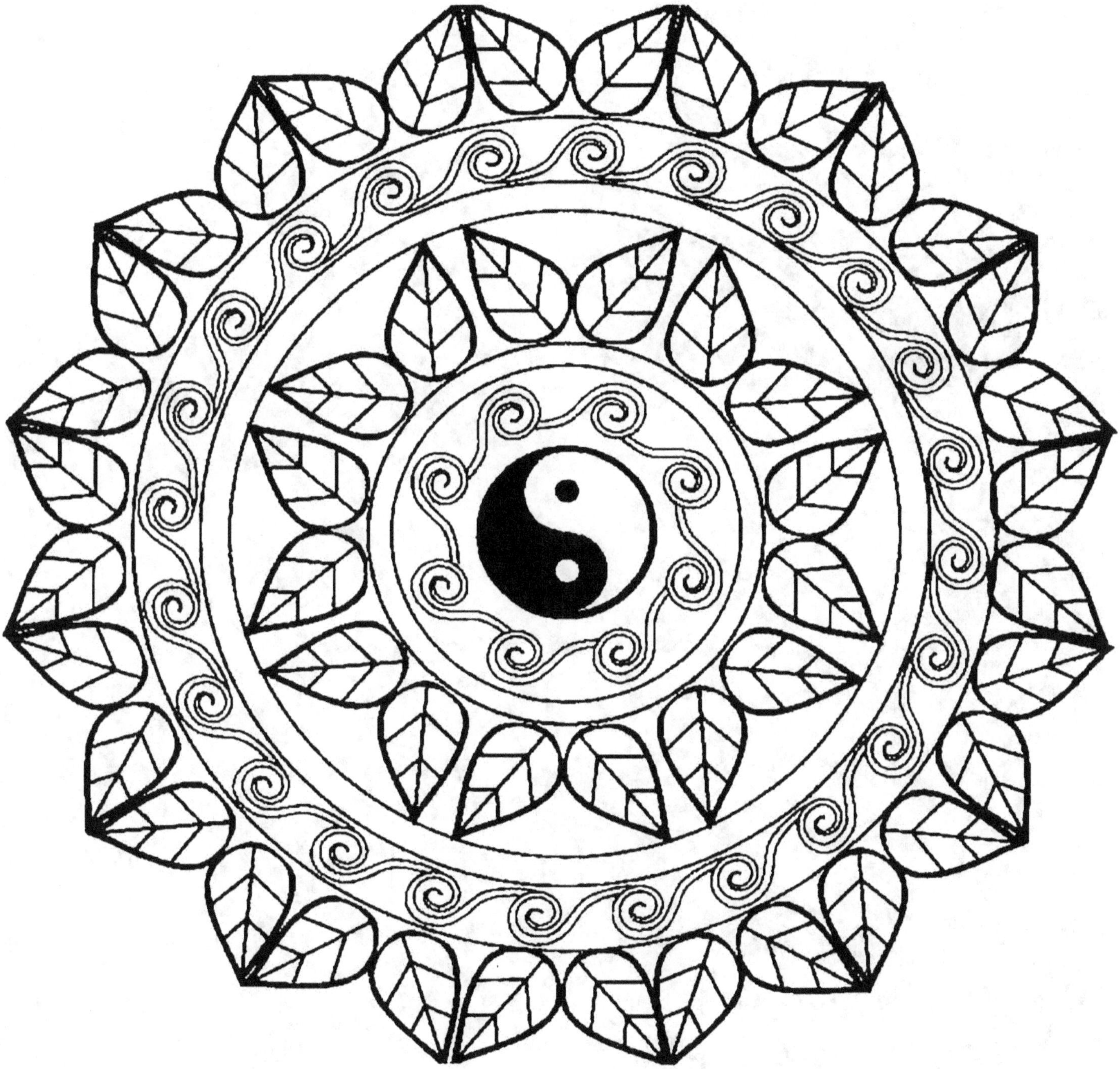

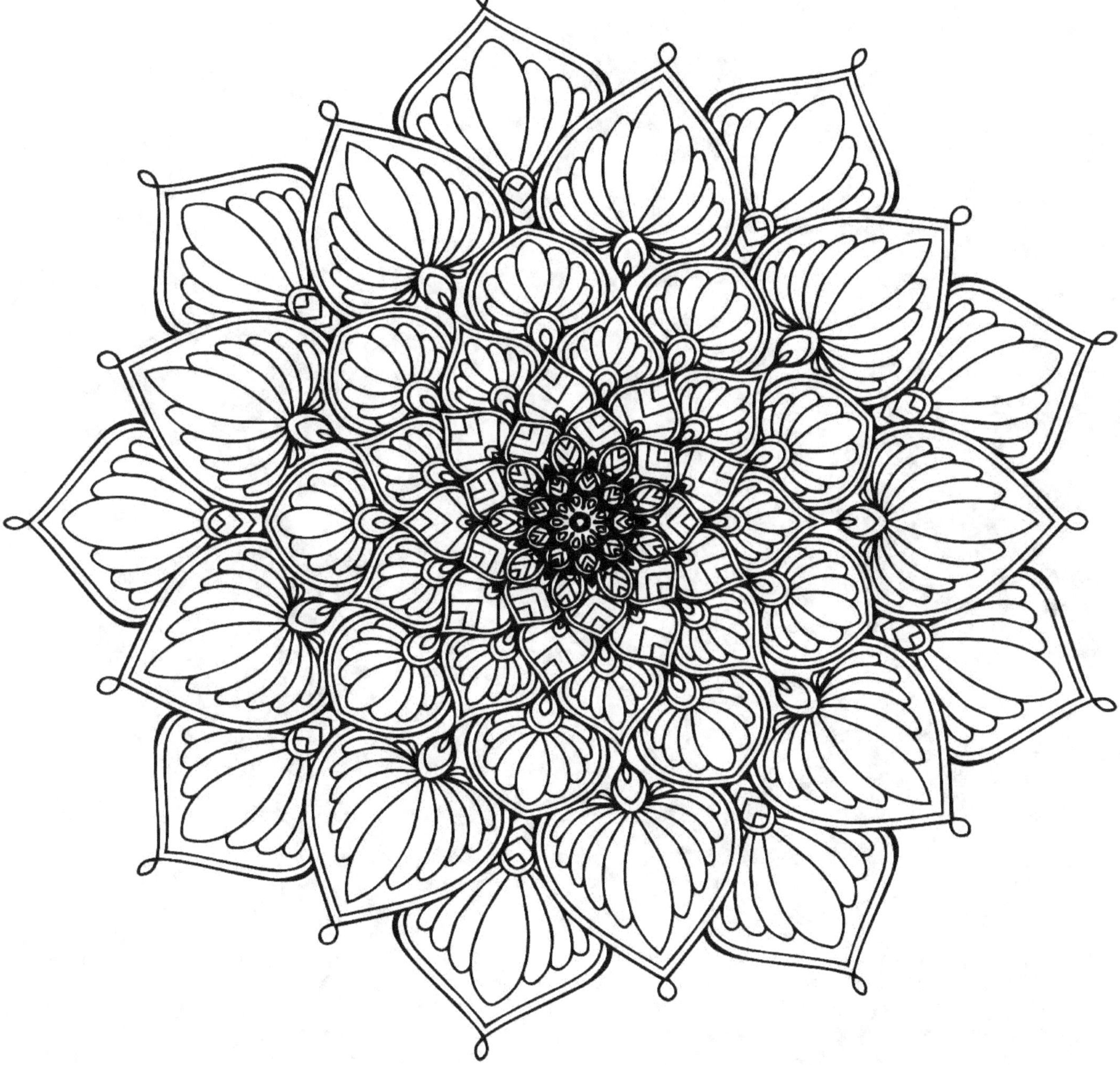

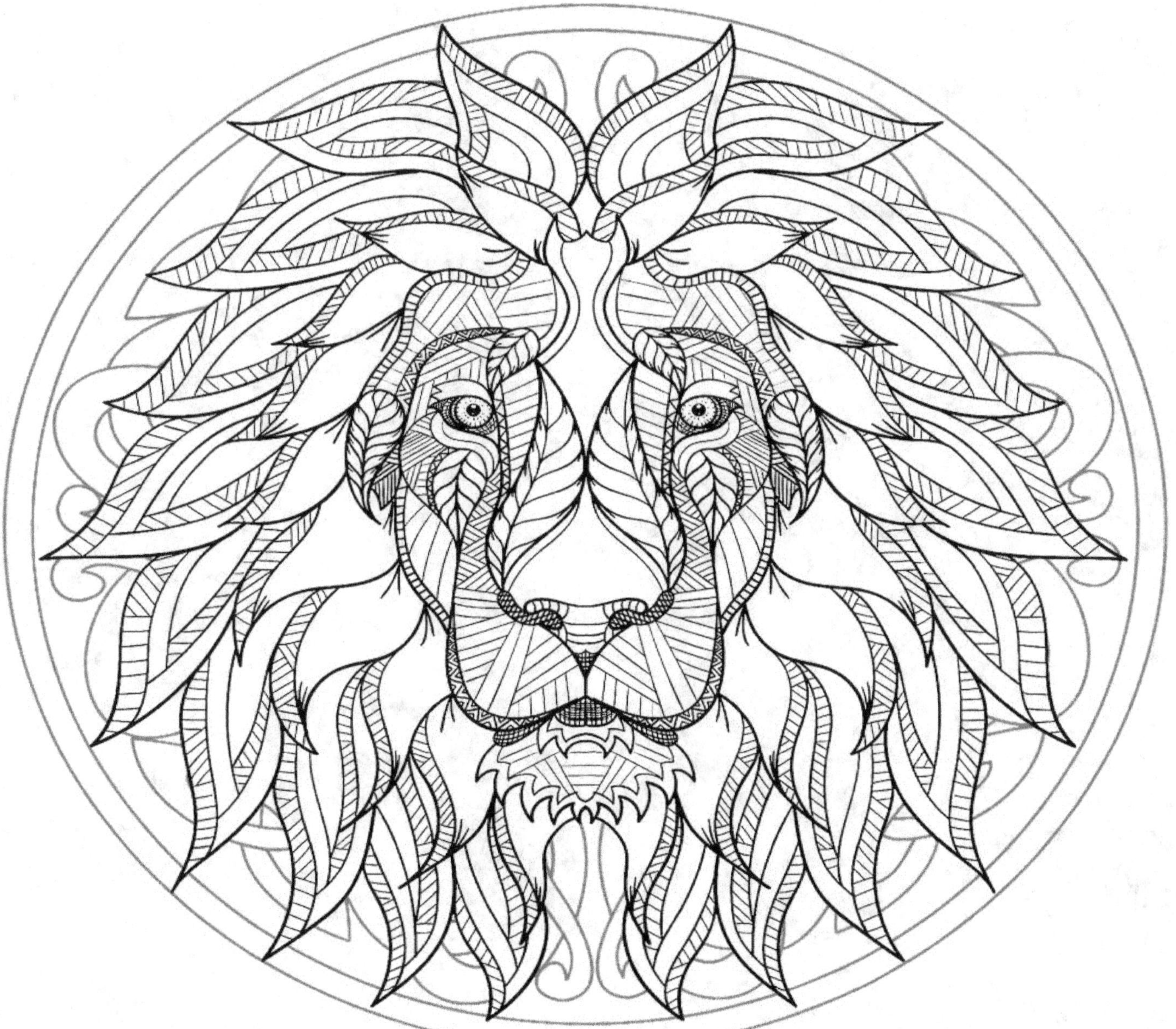

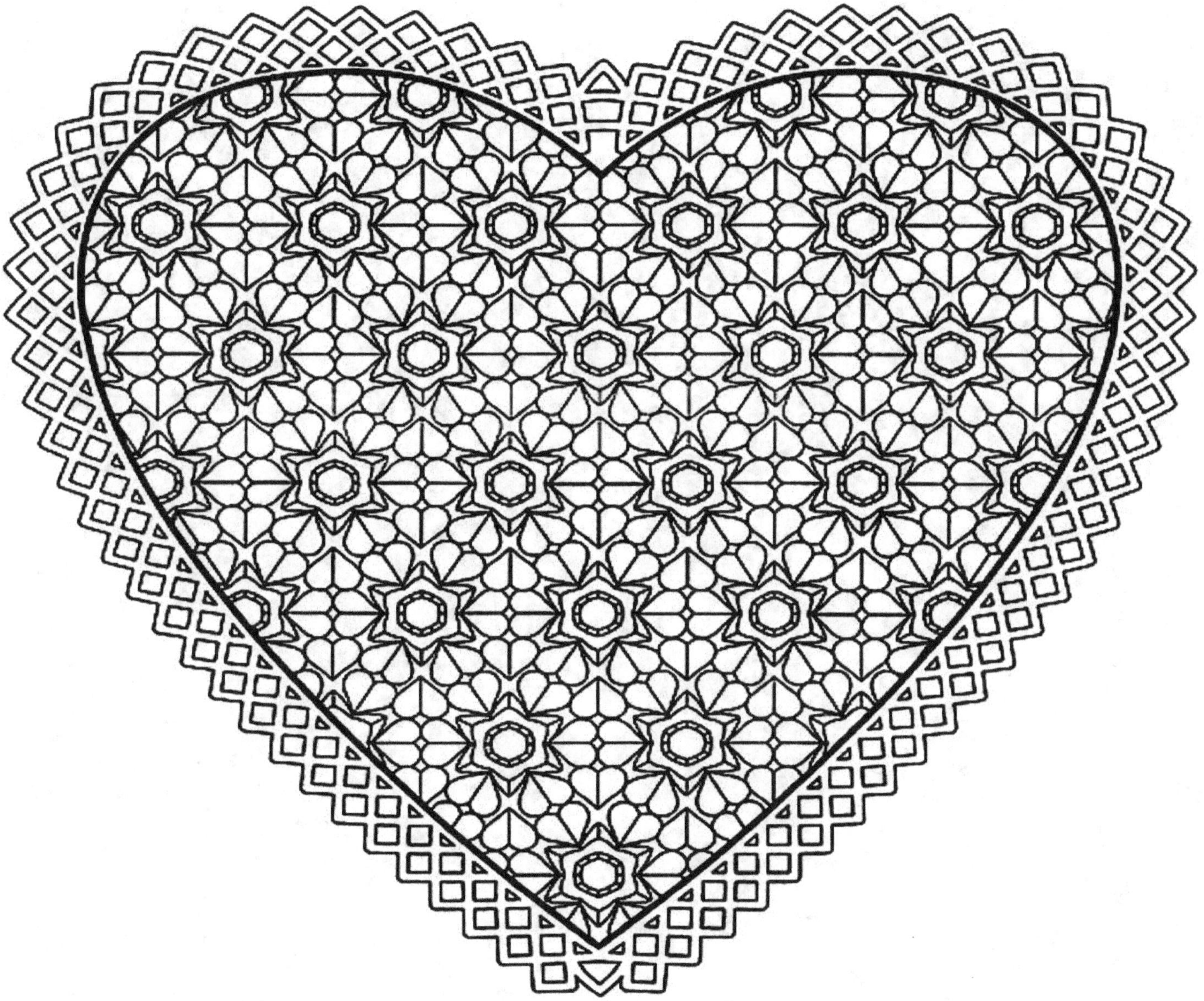

www.ingramcontent.com/pod-product-compliance
Lightning Source LLC
Chambersburg PA
CBHW080459220526
45465CB00006B/2320
* 9 7 9 8 6 3 9 6 5 4 6 8 8 *